50個經典節慶故事

管家琪◎文　蔡嘉驊◎圖

作者的話◎管家琪

節日背後的故事

萬物皆有源。在我們的生活之中，無論是吃的、穿的、用的，一切的一切，都不是憑空發生的，也都不只是表面上所看到的那麼簡單，而是都有著更深入的意義以及更豐富的內涵；在這些事物的表象之下，一定都有些緣由，也就是背後的故事。這就是文化。在這本書裡，我們要說的就都是些關於節日背後的故事，也都是一些我們應該了解的文化常識。

首先要說明的是，我們是以傳統節日為主，這是一本經典節日故事大集合的書。很多節日，傳說不只一種，我們把最有名、最具代表性的故事蒐集在一起，雖說一共有五十個，但實際上有好些故事只是略有不同，所以就集中在一起講述，因此實際上如果真的要仔細算的話，在這本書裡頭會看到的經典節日故事還不止五十個。

這些傳說以及民間故事，都是出自古人的想像，有的時候古人是用故事來解釋大自然現象，無異是用感性的方式來詮釋理性層面的諸多現象；有的時候古人很可能只是藉由故事來抒發對於威權的不滿（譬如天上的玉皇大帝、王母娘娘好像老是喜歡跟凡人作對）；有的時候古人是用故事來增添生活的情趣。人之所以為人，就是因為我們除了追求基本的溫飽，也總還是渴望精神層面的滿足，在古人的現實生活中或許新鮮好玩的東西沒有我們今天多，但是透過想像，他們的精神世界還是相當飽滿的。就以中秋節來說，現在的中秋節簡直成了烤肉節，當然啦，烤肉是很好玩，不過，想想古人過中秋的時候是大家一起坐在戶外賞月，然後呢，大人再跟孩子們說一說嫦娥的故事、吳剛的故事、為什麼中秋節要吃月餅的故事，那其中的樂趣絕不亞於今日大家只顧忙著烤肉吧。

此外，在中國節日方面，我們不免還是以漢人的節日為主，畢竟這些節日本身最為普遍，世界各地只要是華人社會都會過這些節日，而且這些節日故事也最為知名。至於西洋的節日，我們只列舉一些最為普遍、同時本身具有故事性的節日來介紹。

目錄

中國篇 春

作者的話

春節

春
宵
室

目錄

目錄

目錄

西洋篇

情人節

狂歡節

愚人節

目錄

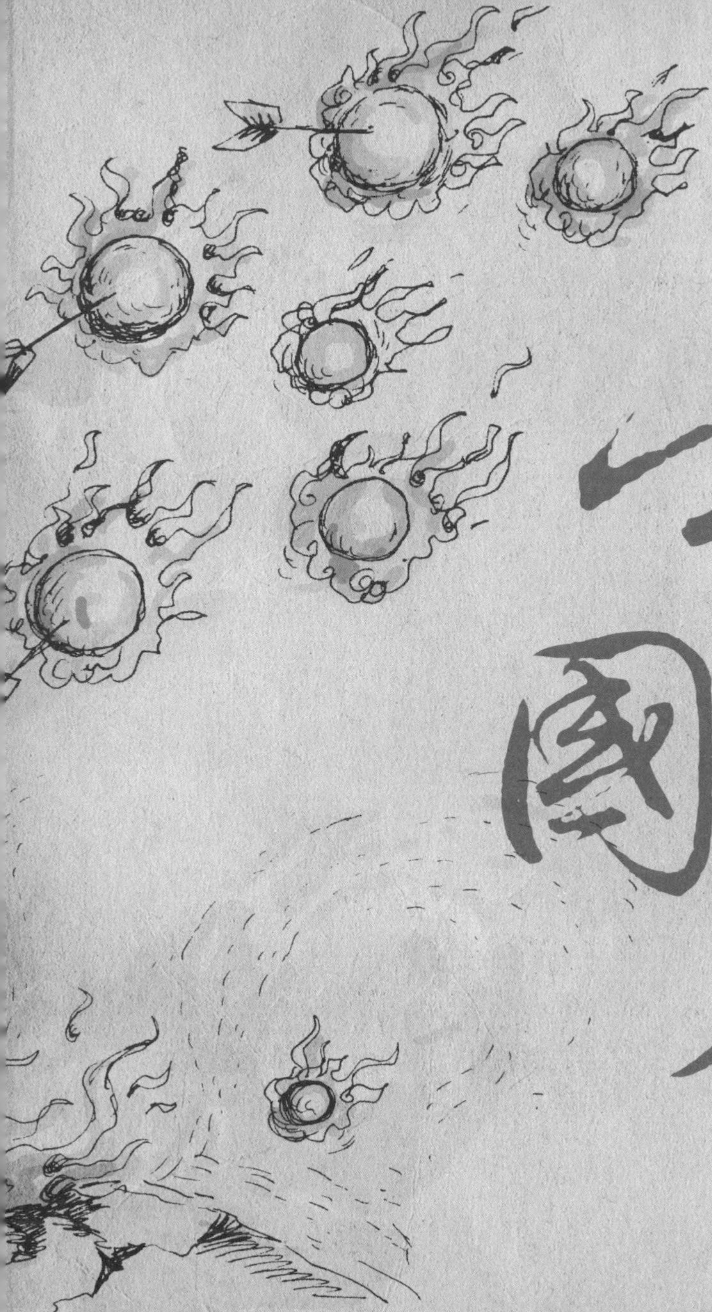

中國篇

春節

故事1

萬年曆——可不是萬年不敗的日曆哦！

中國自古以農立國，老百姓都按照「春耕、夏耘、秋收、冬藏」的模式來生活。這樣的模式又是根據「節令」所定下來的，古時候因為沒有氣象預報，所以「節令」對於農業社會的老百姓來說，實在是太重要了。只要遵循「節令」，便可以知道何時插秧、何時該開始注意季節變換，這些提醒對於照顧農作物來說有非常大的幫助，而中國傳統節令自然也都是根據我們現在俗稱的「農曆」所制定的。

那麼，這個形成規律的節令的概念，到底是在什麼時候定下來的？相傳這是一個名叫萬年的青年，花了很長的時間，投注了很大的心力，好不容易才整理出來的。

據說，在很久很久以前，當時的節令非常混亂，弄得老百姓總是沒有辦法抓準時機耕種，很是困擾。在一個偏僻的小山村裡，住著一個聰明又細心的年輕人，名叫萬年，他跟大夥兒一樣，也覺得節令混亂對於從事農活很不方便，很希望能夠整理整理節令；萬年相信，看似雜亂無章的節令，一定會有一套脈絡清晰的規律。

但是，要從哪裡開始著手呢？

有一天，萬年上山打柴，坐在樹下休息，無意間看到樹影移動，心裡突然一亮，靈機一動，有了一個具體的想法。

萬年製作了一個日晷（ㄍㄨㄟˇ），用來觀察日影，然後以此來計算「一天」的長短。他想先把這個「一天」的基本概念弄清楚，到底多久算是一天？

但是，天氣狀況每天都不相同，那些難以預料的雲晴雨霧又會對於「一天」的觀測造成影響，於是，萬年又製作了一個用來記時的器具，以彌補日晷的不足。

這個計時器具的製作靈感又是怎麼來的呢？有一天，萬年上山採藥，途中來到泉水邊歇息喝水，聽到崖上的泉水發出了非常有節奏的滴滴答答聲，萬年的腦筋馬上就動起來了。回到家，他試了又試，後來就做了一個五層漏壺。

從此以後，萬年幾乎什麼事都不做，只是一直不停的測日影和望漏水。經過很長的一段時間持續不斷的努力後，萬年終於發現了一個非常重要的規律，那就是每隔三百六十多天，天時的長短就會重複一遍，最短的一天是在冬至。

與此同時，當時的天子祖乙經常詢問節令官

阿(ㄜ)衡，為什麼節令會失常？祖乙是一個好天子，很關心百姓的生活，知道節令失常對老百姓的影響很大，很希望能夠為老百姓整理出一套規律。祖乙把找出節令秩序的希望全都寄託在節令官阿衡的身上，但是阿衡不了解日月運行的規則，所以他也不明白節令為什麼會失常。為了應付天子祖乙，阿衡便胡亂搪塞，推說是因為有老百姓做了得罪天神的事，惹得天神發怒，節令才會失序。祖乙聽了，便經常齋戒沐浴，帶領百官去天壇祭祀，還傳諭全國，要大家都設台祭天，希望合力得到天神的寬恕。

然而，祭來祭去，似乎沒有什麼效果，節令還是一樣混亂，難以捉摸。可是，除了祭天，又有什麼辦法呢？祖乙非常無奈，只能要求大家繼續更虔誠的祭天，希望能夠早日獲得天神的諒解。

終於，遠在深山裡的萬年聽到了「天子要求大家祭天，祈求天神息怒」的荒唐要求，加上他的觀察研究剛好也到了一個階段，於是帶著日晷和漏壺去求見天子祖乙，然後當面向祖乙解釋什麼是冬至，還講解了日月運行的周期。

祖乙聽罷，大喜過望，馬上下令大興土木，在天壇前面蓋了一座日月閣，按照萬年的設計規畫，造了一座日晷台和漏壺亭，又撥了十二位童子來服侍萬年。不過萬年不需要服侍，倒是覺得觀測工作正需要幫手，就讓六個童子去守著日晷，另外六個童子去守著漏壺，並且要求他們精心記錄，按時報告。

這樣過了三年，萬年幾乎每天都在日月閣盡心盡力工作，沒有一天離開過崗位。有一天，祖乙讓節令官阿衡來日月閣探望萬年，詢問萬年關於制曆工作的進度。萬年很高興的就說起自己的研究成果：

日出日落三百六，
周而復始從頭來；
草木枯榮分四時；
一歲月有十二圓。

阿衡一聽，心頭一震，深覺有理。可是同時他的內心也升起一種強烈的不安感，心想如果萬年真的把節令定準了，天子今後一定會比現在還更器重萬年，那自己的地位就不保了。

這個陰暗的想法盤據在阿衡的腦海，揮之不去。終於，有一天，阿衡狠下心來，派出一個刺客，想要除掉萬年。

然而，行刺行動沒有成功，萬年只是受了傷。刺客被士兵們制伏扭送至天子祖乙的面前時，供出了阿衡是幕後的指使者後，祖乙氣壞了，馬上就命人拿下阿衡。

祖乙關心萬年的傷勢，匆匆趕到日月閣探望，這讓萬年十分感動。而祖乙看到萬年不顧自己所受的傷，仍然兢兢業業的進行觀測，也非常感動！

正好在這個時候，萬年又有了一些觀測心得，「太陽曆」已經初步成形。他指著中星對天子祖乙說：「中星追上了蠶百星，星象復原，歲交子時，舊歲已完，時又始春，請天子定個節日吧。」

祖乙想了一想，慎重的說：「春為歲首，就叫作『春節』吧。」

祖乙十分感謝萬年的辛勞，看到萬年負傷工作，非常不忍，想要把他接到宮中去調養。可是萬年告訴天子祖乙，太陽曆雖然草創，但是還不夠精準，歲尾還剩下點滴時辰，因此他想繼續推算，希望能夠把太陽曆真正定準。

萬年真是一個認真敬業、追求完美的人啊。

就這樣，萬年待在日月閣裡繼續研究，繼續推算，又努力了好久好久，總算能把歲末尾時潤了進去。所以後來才會有所謂的「潤月」和「潤年」。

等到工作完成，萬年把嘔心瀝血的太陽曆獻給天子祖乙，祖乙自然是非常高興。為了感謝萬年的辛勞，祖乙便把太陽曆命名為「萬年曆」，還把萬年封為「日月壽星」。

據說，從此大家就把春節稱作「年」，過年的時候，都會在屋裡掛上一幅壽星圖，象徵著新年添壽，同時也是表達對於萬年的感念。有了精準的萬年曆以後，百姓在進行農活的時候都方便多了。

故事2

年獸害怕爆破聲？

在古代，「年」這個字都被放到「禾」部。甲骨文中，「年」就是果實豐收的意思。《穀粱傳》中也有「五穀皆熟，為有年」的說法。因此所謂「過年」，就是慶祝豐收的故事。

自漢代以後，開始有了年俗的記載。在民間傳說中，「過年」這個詞，指的是大家互相慶賀又從「年」這個怪物口中逃過一劫的意思。

相傳「年」是一種非常凶猛恐怖的怪物，平日都住在深山裡，每到歲末隆冬食物比較短缺的時候，就會下山來騷擾百姓，百姓深以為苦，都很想把牠除掉。

可是，這麼一個怪物，到底該怎麼來對付牠呢？該怎麼樣才能夠把牠除掉呢？牠究竟有什麼弱點呢？

大家左思右想，都沒有答案。

直到有一年，「年」才剛下山來到村口，正想開始到處肆虐搗蛋的時候，碰巧有一個小孩正在村口放鞭炮，「年」一聽到鞭炮「霹霹啪啪」活像爆炸一樣的聲響，非常驚恐，嚇得立刻趕緊躲開，沒命的奔逃。

（所以，小孩子是大人的救星！）

才跑了一段路，「年」看見一戶人家掛在外頭的一件隨風飄動的紅色衣服，變得更加害怕，簡直就是抱頭鼠竄。

跑呀跑呀，逃呀逃呀，「年」跑得氣喘吁吁，幾乎跑不動了，就躲在一戶人家的屋簷下想要休息休息，然而，牠才剛剛趴下來，門縫裡露出來的燭光又讓「年」感到十分的刺眼，內心更是惶惶不安。

就這樣，又驚又怕的「年」，只好落荒而逃，一路跑回深山裡，再也不敢露面了。

這麼一來，大家就總結出一個結論，原來看起來好像

什麼都不怕的「年」，實際上很怕三樣東西：第一，「年」怕鞭炮；第二，「年」怕紅色；第三，「年」怕火光。

到了下一次「年」又要下山擾民的時候，老百姓們就家家戶戶一起在門上貼上紅紙（後來慢慢演變成春聯），點起篝（ㄍㄡ）火，還約好此起彼落的放起鞭炮。

這個辦法果然管用，「年」果真再也不曾出現。於是，到了第二天，大家見面就互道「恭喜恭喜」，意思就是恭賀彼此躲過了「年」的騷擾。

故事3 自爆弱點的年獸

關於「年」的故事，還有另外一個版本。在這個版本中，是「年」自己傻呼呼的透露出自己怕什麼，然後呢，以後人們就用這些東西來對付「年」。

不過，「年」也不是好端端的就主動告訴人們自己怕什麼，牠的祕密是被一個神仙給哄出來的。

相傳在很久很久以前，大地一片蠻荒，處處都是毒蛇猛獸，其中最厲害的是一頭叫作「年」的怪物。大家公認模樣十分可怕的「年」，比起馬蕩山的毒蟒、麒麟山的猛獅、虎頭崖的惡虎，都還要來得厲害。

「年」平日住在深山裡，一年只吃一頓，但是每次都會大吃一頓，而且最恐怖的是，「年」總是會吃人。因此，每年一到農曆十二月三十，「年」固定要出來大吃一頓的時候，就是老百姓的一場災難，大家都深受其苦，可是又無可奈何。

有一年，又快要到歲末的時候，突然來了一個老頭子，自稱洪鈞。洪鈞告訴大家，他有辦法收拾掉馬蕩山的毒蟒、麒麟山的猛獅、虎頭崖的惡虎，還有最恐怖的「年」。

沒人相信這位老先生的話，因為，為了除掉這幾頭害人的怪物猛獸，已經犧牲了很多勇士的性命，大家都不相信，就這麼一個看起來其貌不揚的老頭，會有什麼能耐？

這位名叫洪鈞的老頭，對於大家的質疑也不以為意，便信心滿滿的出發了。

他直接跑到深山裡，找到還在呼呼大睡的「年」，然後把「年」叫醒，對「年」說：「我聽說你只敢欺負那些可憐兮兮的人類，都不敢去碰馬蕩山的毒蟒，是不是真的？」

「什麼！居然有人這樣說！」「年」氣呼呼的說：「那條毒蟒算是個什麼東西？我才不會把牠放在眼裡呢！」

為了證明自己很厲害，「年」馬上就衝到馬蕩山，一口把毒蟒給吃了。

洪鈞又說：「哎呀，那條毒蟒這麼不堪一擊呀！那一定是我聽錯了，人家一定是說你不敢惹麒麟山的猛獅！」

「胡說八道！沒有這種事！」說罷，「年」又趕到麒麟山，解決了猛獅。

「不對不對，還是不對，啊，我想起來了！」洪鈞說：「人家是說你不敢動虎頭崖的惡虎一根汗毛！」

「開玩笑！我會怕那個傢伙？簡直是荒唐！」

於是，虎頭崖的惡虎也完蛋了。

「怎麼樣？」「年」得意洋洋的說：「現在你還有什麼話說？哈哈，告訴你吧，在這個世界上就沒有我會怕的動物！」

洪鈞說：「啊，你真的是太厲害了！可是，再厲害的人也總會有弱點的，你一定也會有弱點的，我就不相信你會完全沒有害怕的東西！」

這個時候，「年」已經得意忘形了，就大剌剌的說：「哈哈！告訴你也無妨，其實啊，我只怕吵，還有，我怕紅色，其他的無論是東西也好、動物也罷，我是真的什麼也不怕！」

洪鈞見祕密已經套出來了，就突然出其不意的跳到「年」的背上，並且用力扯著「年」，騎著「年」就飛到天上去了。在半空中，洪鈞告訴地上的人們：「你們要記住啊，以後每到十二月三十這一天，家家戶戶都要在大門上貼上紅紙，還要點爆竹，這麼一來，『年』就不敢再下來作怪了。」

直到這個時候，大家才恍然大悟，原來這個老先生是一個好心的神仙哪。

故事4 福到了——恭親王府家僕的無心之過

長久以來，春節民俗中，詳細告訴大家春節應該做的事情有：灑掃門閭（ㄌㄩˊ）、去塵穢、淨庭戶、換門神、掛鍾馗、釘桃符、貼春牌、祭祀祖宗。在民間一直有「臘月二十四，家家寫大字」的說法，其中所提到的「貼春牌」和「寫大字」，就是指寫在紅紙上的「福」字。

（「桃符」指的是春聯，後面的故事會再介紹。）

也就是說，過年的時候，在家裡貼上「福」字的習俗，已經很久很久了。

看到「福」，現代人或許很多都會立刻聯想到「幸福」這個詞，但是自古以來在廣大老百姓的心目中，這個字卻往往是跟「福氣」連繫在一起。

「你好有福氣喲！」

這是經常掛在老百姓口中的社交用語，大家都希望有福氣。在為老人家祝壽的時候，大家還會希望這個福氣能夠像浩瀚的東海那麼多！所以才會有「福如東海」這個成語啊。

不過，把「福」字倒貼的習俗並不久，相傳是來自於清代恭親王府，頂多才三百年左右。

相傳有一年春節，恭親王府的大管家照例在很多紅紙上都寫上了「福」字，然後讓家僕在王府裡各處貼上。有一個家僕，因為是文盲，不認識「福」這個字，一不小心，就把一個貼在大門上的「福」字給貼顛倒了，恭親王福晉一看，非常惱火。（清朝凡是親王、世子和郡王的妻子都稱為「福晉」。）

幸虧大管家的腦筋轉得很快，趕緊跪下來恭恭敬敬的說：「奴才聽說，恭親王萬壽無疆，如今大福真的到了啊！這是一種難得的吉慶之兆啊！」

過年期間，要是有人打破了什麼杯呀碗呀，總會趕快大嚷一聲「歲歲平安」，這麼一來，不僅可以驅散因為打破東西所帶來的不祥之感，還巧妙的抓住「歲」和

「碎」同音這個特點，而帶出一句吉祥話；大管家把「到」跟「倒」扯在一起，把「『福』字貼倒了」一下子轉成「暗示大福到了」，與「碎碎平安」有著異曲同工之妙。

福晉一聽，果然立刻消了氣。（至少總不好再繼續發火了，否則豈不是變成要否認「大福到了」嗎？）

接下來福晉非但沒有責罰那個把「福」字貼顛倒的僕人，反而還重重賞了這個僕人以及大管家。

後來，百姓們也都慢慢學著故意把大門上的「福」字倒貼，然後還要念叨一下：「福到了，福到了！」

故事5

「福」字殺人——馬皇后求情

有關春節期間把「福」字倒貼，還有另外一個傳說。這個故事的歷史比較久，跟明太祖朱元璋和馬皇后有關，也就是距今大約七百年前的事了。

朱元璋殺人如麻，這個傳說或許就是因此而來。相傳有一年春節，朱元璋想用「福」字作記號殺人，好心的馬皇后知道了以後，便想出一個辦法，命全城百姓在同一天都要在門上貼上一個「福」字，以此混淆視聽。

第二天，朱元璋發現一夜之間，家家戶戶居然都在門上貼了一個「福」字，既意外又生氣。而且他發現有一戶人家的「福」字不小心貼倒了，決定借題發揮，下令把這家人滿門抄斬。危急之時，幸好馬皇后及時趕到，向朱元璋求情道：「這家人是因為知道您今日要來，才故意把『福』字倒貼，您瞧，這不是『福到了』的意思嗎？他們是真心真意的歡迎您啊！」

朱元璋一聽，龍心大悅，馬上轉怒為喜，一場災難就這麼消弭於無形。

後來，大家為了討個吉利，也為了紀念馬皇后，就都習慣在春節期間把大門上的「福」字倒貼。

故事6

桃符討吉利

「桃符」原本是指大門上兩塊桃木所做的木板，上面往往畫著「神荼」和「鬱壘」兩位鎮邪大將。老百姓在自家大門掛上桃符用來避邪，這樣的習俗已經很久很久了，相傳這就是「春聯」的前身。

其實，「對聯」本來就是中國特有的一種文學形式。創設「楹（ㄧㄥˊ）聯學」的學者張鐵君，對於「對聯」的種類有過一番分析。

（「楹」，是指古時候在房子前面的兩根大柱子，而貼在柱子上那兩張長條形的紙，上面寫著字，這就是「對聯」。）

張鐵君說，因為中文是一音一字，所以只有中文才有創作對聯的可能。對聯有很多種，婚嫁喜慶貼的叫作「喜聯」（譬如「百年好合／永浴愛河」）；一般商店行號貼的叫作「商聯」（譬如「百年老店／童叟無欺」）；在祝壽場合貼的叫作「壽聯」（譬如「福如東海／壽比南山」）；紀念死去親友的叫作「輓聯」（譬如「駕鶴西歸／音容宛在」）；在過年的時候，用紅紙寫好貼在門口的就叫作「春聯」（譬如「天增歲月人增壽／春滿乾坤福滿門」）。

對聯這樣的文學形式，相傳始於五代末期，距今一千年左右。

宋太祖結束了自唐末以來五代十國的動亂，恢復了大一統的局面。據說後蜀的國君孟昶（ㄔㄤˇ）（西元919-965年），在歸宋前夕突然有一個想法，心血來潮要學士辛寅遜在桃符上題字，說要掛在門口討個吉利。當時正好是春節，辛寅遜就非常應景的題了「新年納餘慶／佳節號長春」，相傳這就是最早的一副春聯，後來就慢慢的變成了一種民俗活動。

故事7

朱元璋熱愛對對聯

關於春聯是怎麼來的，還有另外一個版本是說這是由明太祖朱元璋所創。（看來朱元璋跟春節民俗之間的關係還真不少啊。）

相傳朱元璋建立明朝、定都金陵（今江蘇省省會南京）以後，下令家家戶戶在除夕當天，都要用紅紙寫上對聯貼在大門口，表示普天同慶。

為了帶動這樣的風氣，朱元璋還親自做了一個示範，寫了一副對聯賜給大臣陶安，讓陶安貼在大門上。這副對聯是：

國朝謀略無雙士

翰苑文章第一家

上聯中「無雙士」表示沒人比得上，和下聯中「第一家」的意思是一樣的，都在讚美陶安無論是智慧或是文才都是天下第一。陶安受到君王如此推崇，把這副對聯貼在自家門口，想必很有面子。

據說，在除夕當天晚上，朱元璋還會脫掉龍袍，微服出巡。他想「巡」什麼？想看什麼？當然就是想要欣賞家家戶戶不一樣的對聯。

這些對聯各式各樣，譬如：

春回大地百花豔
節至人間萬象新

財源滾滾隨春到
喜氣洋洋伴福來

歡天喜地度佳節
張燈結綵迎新春

一年好運隨春到
四季彩雲滾滾來

春雨絲絲潤萬物
紅梅點點繡千山

朱元璋看得很滿意也很起勁兒，走著走著忽然看到一戶人家的大門上空空如也，沒有貼對聯，朱元璋覺得很納悶，就讓隨從過去問，問他們為什麼不貼對聯。

結果這戶人家很難為情的說，其實不是他們故意不貼，他們也很想貼，只不過因為他們是從事閹豬這個行業，想來想去實在不知道該貼哪一副對聯比較合適。

朱元璋聽了以後，想了一想，就為他們「量身訂做」了一副對聯：

雙手劈開生死路

一刀割斷是非根

這副對聯頗有氣勢，而且很符合這戶人家所從事的工作，時至今日都還十分適用，並且頗有一番道理，想想看，有多少大人物不就是栽在這方面的是非嗎？

據說就是因為朱元璋十分喜愛對聯，又大力提倡在春節的時候張貼，因此後來就被稱為「春聯」，並且慢慢的普及開來。

關於朱元璋和對聯還有兩個小故事也挺有意思。

有一次，也是在微服出巡的時候，朱元璋來到一個戲園（以今天的概念來說就是「劇場」），戲園的生意很好，到處都是人，簡直連站的地方都沒有。剛巧戲園老闆把朱元璋當成是一個有學問的老爺，請朱元璋為自己的戲園做一副對聯。朱元璋想了一想，就做了這麼一副：

你也擠我也擠此處幾無立腳地

好且看歹且看大家都有下場時

還有一次，同樣是在微服出巡的時候，朱元璋和幾個陪同的臣子來到一家小店，因為累了，想坐下來休息休息，吃點東西。沒想到坐定之後才發現，這家小店竟然只賣酒，其他吃的喝的一律不賣。朱元璋靈機一動，想到一句上聯：

小酒店三杯五盞沒有東西

不過，想到這裡，朱元璋想不出下聯，就問幾個臣子：「你們說，下聯該怎麼做比較好？」

這時，有一個臣子腦筋動得很快，馬上就接口道：

大明君一統萬方不分南北

可想而知，朱元璋聽到這樣的下聯一定龍心大悅，這個馬屁實在是拍到家啦。

故事8 八大山人的紅燈籠

傳說在明末清初有一個落魄的文人，人稱「八大山人」，輾轉來到江西的南昌以後，就隱居在撫州門外繩金塔附近，以賣字畫為生，日子過得相當清貧。

南昌有一個風俗，那就是每逢元宵佳節，家家戶戶都要掛上燈籠。有些標榜書香門第的人家，還會在燈籠上舞文弄墨一番，這也增加了元宵節當天賞燈的樂趣。八大山人對這樣的做法很感興趣。

有一年，在元宵節即將到來的時候，八大山人自己動手做了一個大紅燈籠。燈籠做好以後，他把燈籠轉來轉去，仔細思索，也想在上面寫幾個字，來展示一下自己的書法和文才。

不過，該寫什麼才好呢？八大山人想了很久，終於在燈籠上寫了三個大字——「春宵室」。

寫好以後，八大山人把這個大燈籠掛在自家大門口，覺得很滿意。

過了幾天，元宵節到了，燈會開始了，很多人只要一從八大山人的家門口經過，都會情不自禁的停下腳步，仰起頭駐足欣賞這個大燈籠，都覺得「春宵室」這三個字寫得真是好。連當地知縣王大人經過，也對八大山人的書法讚美不已。但是聽到這麼多的讚美，八大山人都只是微笑著，沒說什麼。

其實他的心裡有一點小小的得意。得意什麼呢？這可是他的小祕密。

就這樣，一連三年，每逢元宵節，八大山人就把這個精心製作的大紅燈籠掛出來，在享受著眾人讚美的同時，心裡也暗暗享受著祕密始終不曾被人識破的愉悅。

三年之後，這一年的元宵節，有一個叫作饒宇樸的人，因為聽說繩金塔的燈會辦得很好，便興致勃勃的特地從外地前來參觀，並且打算順便探望一下老友八大山人。饒宇樸到了八大山人的家，看到八大山人家門口掛的這個燈籠，再看看燈籠上的三個大字，想了一下，就輕輕的對八大山人說：「老兄啊，你好大的膽子啊，居然敢這麼寫啊？」

八大山人微微一笑，也輕聲說：「哈哈，還是你聰明，終於有人看出來啦，快進來喝茶吧。」

「春宵室」這三個字究竟有什麼玄機呢？

這得要把「春」和「宵」兩個字的筆畫全部打散，重新組合。「室」這個字則保持原樣不動。

如何打散？首先，「春」這個字的上半部，是三橫再加上一個「人」字，現在，去掉兩橫就變成一個「大」字。去掉的兩橫當然還有用，不過現在先暫時放在一邊。

把「春」字下半部的「日」，和「宵」字下半部的「月」，併攏在一起，就成了一個「明」字。

好了，現在把剩下的筆劃——「宵」字上半部的寶蓋頭，和寶蓋頭下面很像是「小」字的中間，加進剛才暫時放在一邊的那兩橫，就成了一個「宗」字。

所以，經過這麼一拆解再重新組合以後，「春宵室」三個字就變成了四個字，那就是——「大明宗室」！

八大山人是大明後裔，這等於是他藉著「春宵室」這三個字在表明自己對於明朝的懷念啊。

這樣的懷念，如果明目張膽的說出來可是要被殺頭的，然而八大山人用如此隱諱的方式，別人就不明就裡了，甚至連知縣大人都還要誇獎他寫得好呢！

故事9 猜燈謎

剛才八大山人在燈籠上寫「春宵室」三個字，用以寄託對於故國深深懷念的故事，頗富「猜燈謎」的色彩。在民間習俗中，「猜燈謎」是元宵節的重要活動之一。不過，在說「猜燈謎」的故事之前，我們不妨先來看幾個跟「猜謎」有關的小故事，因為，「猜燈謎」本來就是源自「猜謎」。

「猜謎」活動起源很早，是中華文化的一部分，據說在兩千多年以前就有了，只是當時稱為「庾（ㄩˇ）辭」，就是一種「隱語」的意思，也就是民間所俗稱的「謎」。

請大家看看下面這麼一首詩：

一時歡樂一時愁，

想起千般不對頭，
如若想得千般到，
自解憂來自解愁。

這首詩是描述一件事情，或者說是一個活動。猜得出來嗎？
答案就是——「猜謎」。

據說三國時代時，這種猜謎活動非常風行。有這麼一個小故事描述大文學家蔡邕（ㄩㄥ）在欣賞過曹娥碑之後，在碑的後面題了八個字：

黃絹幼婦外孫齏臼

這六個字雖然看起來都是漢字，但是把這六個字連在一起似乎一點意義也沒有，很多人看了以後都大惑不解，後來連很多文人學士也都跑來看，然而看了半天，還是沒有任何人猜得出這到底是什麼意思？

直到楊修過來一看，這才拍掌大笑道：「哈哈，好，好！絕妙好辭，真是妙呀！」

經過楊修的指點，大家這才明白過來，原來「黃絹幼婦外孫齏臼」這八個字，兩兩一組，暗藏玄機：

黃絹——因為「黃」是一種顏色，所以取「色」的意思，「絹」字取其「糸」字的部首，這麼一來，所謂「色絲」，就是「絲」字邊，右邊加上一個「色」，就是「絕」。

幼婦——「幼婦」意指年輕的婦女，不就是少女嗎？而「女」字邊，右邊再加上一個「少」，就是「妙」。

外孫——女兒生的小孩叫作「外孫」，所以取「女」和「子」，組合起來就是一個「好」字。

齏臼——為受辛，是裝盛香料或食物的容器。「受辛」併攏起來就是「辭」的古字。

所以，連在一起就是「絕妙好辭」了。

眾人在恍然大悟之後，都直誇楊修實在是好聰明，居然能夠解開這麼難的一道猜謎。

楊修是曹操的一個謀士，似乎很會玩猜謎。在這方面有兩個很有名的小故事。

有一次，曹操看到正在修建的相國府大門，看了一會兒，沒說什麼，只讓人在門上寫了一個「活」字，然後就走了，大家都不知道這是什麼意思，唯獨楊修很有把握的說：「在『門』的中間有一個『活』字，不就是『闊』嗎？這個大門修建得太大了啦。」

還有一次，有人送來一杯乳酪，曹操吃了一點以後，在杯蓋上寫了一個「合」字以後，起身就走了，在場的人都很納悶，不明白其中的道理，只有楊修說：「把『合』這個字拆開來，不就是『人』、『一』、『口』嗎？這顯然是要我們每一個人都吃一口啊。」

楊修後來遭曹操所殺，很多人都懷疑是否就是因為楊修總是能夠猜中曹操的心事，又那麼喜歡賣弄，所以才會遭來殺身之禍。

那麼，「猜謎」活動是怎麼慢慢變成「燈謎」的呢？

據說，在很久以前，有一個姓胡的財主，為人刻薄勢利，人稱「笑面虎」。

有一年，即將過春節前，有兩個人一前一後剛巧都來到胡財主的家裡求助。先來的那個名叫王少，是一個窮書生，衣衫襤褸，想要來借糧，但是話都還沒有說上兩句，就被「笑面虎」叫僕人給轟了出去；後面來的那位名叫李才，衣帽整齊，甚至頗有些講究，想來借十兩銀子，「笑面虎」滿臉堆滿了笑容，忙不迭的就叫帳房去拿銀子過來。

王少看在眼裡，自然很不高興，但也莫可奈何。

轉眼間，春節過了，元宵節快到了，家家戶戶開始紮起了燈籠，王少靈機一動，想到了一個可以惡整一下「笑面虎」的辦法。

首先，他用心紮了一個漂漂亮亮的大燈籠，然後在燈籠上面題了一首詩。

元宵節當天，王少把這個燈籠掛在家門口，引起了很多人的圍觀，大家看了以後，反應都差不多，一開始都是有點兒疑惑，緊接著又恍然大悟，笑個不停，很快的，王少家的門口聚集了不少人，熱鬧得很。

過了一會兒，「笑面虎」正巧經過，大家看見「笑面虎」走過來，都笑得更厲害了，有的人還掩嘴一邊吃吃的笑，一邊對著「笑面虎」指指點點。

「什麼事情這麼好笑？」「笑面虎」很納悶。

他很快就察覺到跟燈籠上的那些字有關。那些字，知識水準不高的「笑面虎」還認不全哪，於是他就轉身要帳房念給自己聽。

帳房開始搖頭晃腦的念了：

頭尖身細白如銀
論秤沒有半毫分
眼睛長到屁股上
光認衣裳不認人

帳房一念完，眾人馬上又大笑起來。

「笑面虎」頓時面紅耳赤，惱羞成怒道：「可惡的小子！不借糧給你，你就這樣罵人，太可恨了！」

說罷，就叫身邊的僕人去搶燈籠，想要把這個討厭的燈籠給踩爛。

「慢著，慢著！」王少笑咪咪的阻止道：「老爺您誤會了，我哪裡是在罵您，我這只是一個謎語啊！」

「謎語？」「笑面虎」半信半疑。

「是啊，」王少說：「謎底就是『針』啊。」

「笑面虎」再對一下燈籠上的那首詩，「頭尖身細白如銀……」，形容「針」好像確實是滿貼切的，可是呢看看眾人的臉上都帶著一種幸災樂禍的笑容，「笑面虎」也知道王少確實是拐著彎兒在罵自己，心裡的氣真是不打一處來，但是又沒辦法發作，瞪了王少幾眼，只好狼狽的走了。

這個事很快就傳了開去，大家都覺得很有意思。到了第二年的元宵節，很多人就開始仿效王少的做法，也在燈籠上寫上一些像打油詩一樣的謎語，供人欣賞，大家都覺得這麼一來元宵節的燈會就更精采更好玩了，從此這種做法就相沿成習，「賞燈、猜燈謎」就成了元宵節的一項重要活動。

故事10

東方朔編導演之最佳代表作

很多民間傳說都會扯上歷史上真實的人物，元宵節的由來就是一個典型的例子，據說這是西漢著名的詞賦家東方朔在無意中催生出來的。

東方朔（西元前154-前93年），本姓張，字曼倩，是西漢時期著名的詞賦家，在政治方面其實也頗具天賦，但可能是因為他總是喜歡嬉笑怒罵，漢武帝始終只把他視為一個普通的「俳（ㄆㄞˊ）優」，終其一生都不得重用。所謂「俳」，是「雜戲」的意思，「俳優」就是戲劇演員。根據民間傳說，「元宵節」就是被東方朔「演」出來的。那麼他為什麼要演這麼一齣戲呢？相傳最初的動機，只不過是東方朔出於對宮女的一種同情。

據說，有一年冬天，剛剛過完農曆春節不久，東方朔經過御花園，無意中看到一個宮女哭哭啼啼的，似乎正要跳井的樣子。

幸好東方朔的動作很快，馬上衝了過去，及時拉住了宮女。

「哎，幹麼要做這樣的傻事啊？」接下來，東方朔自然是加以開導。

年輕的宮女不說話，只顧低著頭哭泣，哭得好傷心。

過了好一會兒，宮女才一臉悲苦、抽抽噎噎的告訴東方朔，她名叫元宵（原來元宵節的「元宵」，最初竟然是一個人名！），自從被選進宮中以後，就經常因為想念家人而哭泣，夜裡更是經常難過得睡不著。尤其是最近春節剛過，想到此生再也見不到親人，不由得悲從中來，這才會想到乾脆投井來結束這種思念的痛苦。

東方朔聽了元宵的敘述，非常同情，當場就向元宵保證：「妳放心，給我幾天的時間，我一定讓妳能夠出宮和家人見面。」

「真的？那真的是太好了！」元宵喜極而泣，「謝謝大人！」

於是，東方朔就開始動腦筋了。

他不打算直接去向漢武帝報告和求情，萬一漢武帝不高興，那可就糟了，一定要想個辦法讓元宵能夠名正言順、順理成章的出宮和家人會面才行。

不久，東方朔又想，像元宵這樣可憐的宮女一定還有很多，她們或許不會像元宵這樣有輕生的念頭，可是一定也會因為長年待在宮中，和家人見不了面而傷心。想著想著，東方朔決定擴大計畫，要讓這些可憐的宮女統統都有機會出宮，最好是能夠讓她們集體出宮！

很快的，東方朔想了一套相當複雜的計畫。

第一步，他來到京城最繁華的長安大街，設了一個小算命攤，宣布道：「今天我免費為大家卜卦，有什麼想問的事就儘管來吧。」

有人認出卜卦先生是上通天文、下通地理的東方朔，非常驚訝，於是小小的算命攤不一會兒就被圍得水洩不通。

幾乎每個人都有心事，都想找東方朔卜上一卦。

東方朔慢條斯理的說：「不急不急，慢慢來，每個人都有機會。」

然而，奇怪的是，不管是誰，不管問的是什麼事，所得到的答案都是一模一樣，都是只有一句話：

正月十六，天火將火焚長安！

一股不安的氣氛馬上就在人群中擴散彌漫，每一個人都感到驚駭非常，不只是因為這一模一樣的答案，同時也因為正月十六很快就要到了啊！

面對驚慌不已的百姓，東方朔安慰大家道：「不要緊張，讓我再來算一算……」

只見他低著頭，表情嚴肅，念念有詞了一大串之後，開口道：「有了！再過幾天，在正月十三的下午，火神君會來到長安城外，火神君因為奉玉皇大帝的命令要來長安放火，所以先來勘查一下……」

眾人一聽到「火神君」、「放火」這些詞兒，都嚇壞了，頻頻驚恐萬分的大呼道：「那怎麼辦啊！」

「大家聽我說，」東方朔大聲道：「我們可以去求火神君，請火神君高抬貴手啊！」

有人問：「火神君長麼樣子啊？」

東方朔說：「她看起來就像一個美麗的姑娘，穿著紅衣裳，騎著一頭灰驢而來。」

「好，」眾人紛紛說：「那到了正月十三那一天，我們大家就一起去求火神君！」

到了正月十三下午，大家果然在長安城外看到一個像東方朔所描述的紅衣姑娘。

「火神君！請你饒了我們吧！」大家一擁而上，七嘴八舌的拚命求情。

火神君似乎沒有想到一下子會突然圍上來這麼多人，很快就騎著灰驢走了，臨走前丟下了一個木簡。（因為西漢時期，「紙」還沒有發明出來，要再過兩百多年，到了東漢時期，也就是西元105年，蔡倫才發明了「紙」。）

有人上前撿起這個木簡，仔細一看，立刻驚叫起來。

這是因為木簡上所寫的事情，看起來實在非常駭人：

長安在劫，火焚帝闕，十六天火，宵紅焰烈。

大家都猜測這個木簡是玉皇大帝派給火神君的一份「通知」，從這份通知看來，正月十六那天，天火要火燒長安！

這可怎麼辦啊！大家慌慌張張的趕緊把木簡送交官府。過不了多久，就到了漢武帝的手上。

漢武帝一得知這是從火神君那裡得來的，也大吃一驚，馬上就把東方朔叫過來，詢問東方朔可有什麼辦法？

東方朔說：「看樣子火神君也不想放天火，所以才會把這個木簡留給我們，讓我們想個辦法，要不然她對玉皇大帝將無法交代……」

東方朔說得一本正經，辦法嘛，他也很快就想好了。

他說，聽說火神君很喜歡吃湯圓，所以建議在正月十五那一天，不妨讓家家戶戶都先一起動手做湯圓來供奉火神君，懇請火神君幫忙。緊接著到了第二天正月十六，

則是讓全城百姓都來做花燈，然後高高的掛在自家大門口。東方朔說，試想當天晚上，只要家家戶戶都掛上大紅的燈籠，同時城裡再大放焰火，製造出一片火光的效果，遠遠的看起來就會像是長安遭到天火焚燒一樣，這樣一定就可以騙過玉皇大帝。

此外，東方朔還進一步建議，在正月十六那天晚上，不妨大開城門，邀請居住在城外的百姓都進城來玩，甚至讓宮裡的人都化裝成普通百姓出去看花燈，總之就是讓城裡顯得愈熱鬧愈好。這麼一來，就算玉皇大帝發現上當了，只要玉皇大帝看到城裡熙熙攘攘的擠滿了百姓，特別是還有那麼多從城外進城來賞花燈和焰火的百姓，想必也會不忍心再叫火神君放火了。

聽完東方朔如此周密又複雜的辦法，漢武帝覺得似乎非常可行，遂下令照辦。

這時，東方朔又補充道：「我知道有一個名叫元宵的宮女，湯圓做得特別好，在十五那天晚上，我們不妨讓她做好湯圓，由別人在她身後端著，再讓她提著宮燈在前面領路，宮燈上寫著她的名字，讓她在大街小巷走來走去，這麼一來，火神君一定會心軟，一定會願意幫助我們暫時不放天火的。」

這個建議，同時被漢武帝採納了。

於是，在東方朔一番精心布置之下，到了正月十六這一天，不僅長安城安然無恙，逃過了天火的劫難，百姓們也都過了一個熱鬧無比的元宵節。同時，元宵以及其他很多宮女也都乘機出宮和家人見了面，真可謂皆大歡喜。大家都很感謝東方朔。

而漢武帝更下令，從此以後每年正月十五，大家都要做湯圓來供奉火神君，隔天正月十六，家家戶戶都要高高掛起花燈，或是提著燈籠在全城穿梭，並且大放焰火。

由於供奉火神君的湯圓是元宵姑娘做的，所以後來「湯圓」也叫作「元宵」，而每年的這一天就被稱為「元宵節」了。

故事11

插柳植樹，荒野成森林

雖然中國自古以來就有「每逢清明就插柳植樹」的傳統，不過你可能不知道，近代概念的「植樹節」其實是一個很國際性的節日，最早是由美國的內布拉斯加州所發起的。

十九世紀以前，美國內布拉斯加州還是一片乾燥的荒原，草木稀疏，水源緊缺，每當大風一起就黃沙漫天（就像我們在西部片中看到的那種景象），居住在這樣的環境中，老百姓的日子可想而知自然是很不好過。

後來，有一位美國著名的農學家莫爾頓，在西元一八七二年提議動員所有居民有計畫性的種樹造林，以積極作為來改善現有的生存環境。當時州農業局很快就採納了這一個提議。這個決定做出來以後，光是當年就種樹種了上百萬棵。此後的十六年間，又先後種植六億棵，終於使得內布拉斯加州十萬公頃的荒野變成了茂密的森林。

為了表彰莫爾頓的功勞，一八八五年，州議會正式規定從此以莫爾頓的生日四月二十二日為每年的植樹節。

而在中國，植樹節的概念是在民國建立以後，由國父孫中山先生所引進的。在民國成立的第二年，孫中山先生就成立了農林部，負責全國林業的行政事務；一九一四年十一月，又頒布了我國近代史上第一部《森林法》。幾個月以後，在孫中山先生的倡議下，當時的北洋政府正式下令，規定以後每年的清明節同時也是植樹節。這種考慮其實就是有再度恢復「每逢清明就插柳植樹」傳統的意味。從此中國也有了植樹節。

國父逝世以後，植樹節的日期有了變化。一九二八年，國民政府為紀念國父逝世三周年，特別舉行了植樹儀式，並且將三月十二日國父逝世紀念日定為植樹節。

故事12 七十二烈士民主變奏曲

為了推翻滿清政府，為了追求民主共和，國父孫中山先生從西元一九〇七至一九一一年，在廣州和雲南地區領導了八次武裝起義，有的時候是依靠新軍，有的時候是依靠會黨，也有的時候是藉助群眾抗爭。

儘管前後革命十次均以失敗告終，但是孫中山先生意志堅定，革命之心毫不動搖。其中廣州「辛亥三月二十九日之役」，成為辛亥革命的前奏。

這一次的戰役，由黃興等人率領，在廣州起義，經過一夜的激戰，仍然不幸失敗。事後有同盟會會員冒著生命危險，把散落的七十二位烈士的遺骸悄悄裝殮，安葬於紅花崗，後人遂將此地改名為「黃花崗」，因為「黃」表示菊花，象徵節烈。這七十二位烈士，史稱「黃花崗七十二烈士」。

後來，為了紀念這些年輕的革命先烈，三月二十九這一天就被定名為「青年節」。

故事13

介之推割肉餵重耳

清明節起源很早，相傳是在春秋時代由晉文公所定下的，距今已經有兩千六百多年的歷史了。

晉文公重耳，是晉獻公的兒子。在晉獻公即位那年，重耳已經二十一歲，是一個成年人了。重耳三十四歲那年，被派守蒲城防備秦國。又過了八年，晉獻公聽信驪姬的挑撥，太子申生（就是重耳的哥哥）被父親下令殺了。重耳自蒲城回來探望父親的時候，感覺到父親似乎對自己也很不滿意，甚至有不小的誤會，懷疑驪姬不僅害了哥哥，接下來恐怕連自己也不放過。恐懼之餘，重耳便匆匆啟程，沒來得及正式向父親辭別，就想趕緊回到蒲城。

不料，重耳才離開不久，果真就有殺手從後面追來，為了逃命，重耳只得翻牆逃走，實在狼狽萬分，千鈞一髮之際，他的袖子被刺客割了下來。

這麼一來，重耳知道父親是一定要自己的命了。為了活命，此時已經四十三歲的重耳在萬般無奈之下，只得踏上流亡的道路。由於重耳從青年時期就很喜歡結交朋友，身邊一直有不少賢達人士，如今既然重耳決定流亡，這些賢士也都自願隨侍在側，跟著重耳一起流亡。在這些賢士之中，有一位名叫介之推。

重耳一行人首先投奔狄國，這是他親身母親的故國，後來因為種種緣故又離開狄國，繼續流亡。一直到西元前六三六年，在秦軍的護送之下，重耳終於能夠回到晉國並且即位，算起來重耳在外流亡了十九年！回國的時候，他已經是一個超過六十歲的老人了。

這麼一段漫長的流亡歲月，其中自然不乏艱辛的時刻。有一回，他們在一座大山裡迷了路，幾天幾夜都沒東西吃，重耳餓得頭暈眼花，癱坐在一張破席子上，再也走不動了。

他絕望的抬起頭，仰天長嘆道：「唉，重耳一個人餓死事小，只怕將來晉國的百姓很難安康了……」

介之推在旁邊聽到了，想到公子重耳身陷絕境之中，還能念念不忘百姓，心想這實在是一個不可多得的仁君，一定要盡全力來保護他才是，哪怕是犧牲自己也在所不惜。

介之推主意打定，便悄悄消失，獨自走開。稍後，當他再次出現的時候，他提了一塊肉回來。

重耳大喜，馬上叫人用火烤熟，當場就吃個精光。

吃過以後，重耳有力氣了，意猶未盡，這才想到問問這塊肉是怎麼來的？還有沒有？

介之推默默的提起自己的褲腿，這時，眾人才驚駭的發現，剛才那塊神祕的食物竟是介之推小腿腿肚子上的一塊肉！

介之推平靜的說：「如果公子喜歡，臣願意把另外一條腿上的肉也割下來。」

得知真相以後，重耳十分感動，流著淚對介之推說：「你這樣待我，將來我該怎樣來報答你？」

介之推說：「我不求公子的報答，只希望公子不要忘記這段艱辛的流亡歲月，日後也能像現在這樣時常把百姓放在心上，做一個政治清明、能夠體會民間疾苦的國君。」

「你放心吧，我一定不會忘記的。」重耳信誓旦旦的保證。

後來，重耳終於得以結束流亡。即將返回晉國即位的途中，在馬車上，他看到那條破破爛爛的舊席子，覺得很礙眼，眉頭一皺，就用劍把席子挑起來往下丟。

介之推撿起了這張破席子，若有所思。

不久，來到黃河邊，另外一位也跟隨重耳流亡多年的臣子，擔心回國以後會被疏遠，就一方面暗示自己輔佐重耳返國有功，另一方面又裝模作樣的要求想要告老返鄉，重耳就安慰道：「你放心吧，今天我在河伯面前發下重誓，歸國以後一定會和你同甘共苦，絕不會忘記你的功勞！」

說罷，還把一塊玉璧投入河水之中，表示就此訂立了盟約。

這時，介之推聽到兩人的對話，不禁面露苦笑，很不以為然。介之推心想，今天公子重耳之所以能夠歸國並且即將即位，全賴上蒼的保佑，因為晉獻公的九個兒子現在只剩下重耳一人，怎麼會有人好意思厚著臉皮標榜是自己的功勞呢！念頭這麼一起，介之推就不願意與這樣的人同朝為官，加上之前看到重耳丟掉破席子的舉動，介之推認為重耳恐怕很快就會淡忘了在外流亡時的點點滴滴，當下就產生了隱退的念頭，然後很快的就悄悄離開了。

重耳回國即位成為晉文公以後，處理繁重的朝政之餘，對於這麼多年來跟隨自己流亡在外的人一個個都加以封賞，然而，或許因為此時介之推已不在他的跟前，他竟然把曾經割下小腿肚子上一塊肉來讓自己充飢的介之推給忘了。

儘管介之推本人不願意前來討賞，但是終究還是有些人看不過去，為介之推打抱不平，覺得晉文公實在是太虧待介之推了，就提醒晉文公是否也應該要對介之推有所獎賞。

晉文公被身邊的人這麼一提醒，想到介之推曾經對自己是那麼的忠心耿耿，感到很慚愧，馬上派人去把介之推給請來，表示要補償他。然而，晉文公派人去請了幾次，介之推就是不來，後來甚至還聽說介之推已經背著老母親跑進綿山（位於今山西省介休縣）躲起來了。

晉文公遂親自帶了一群士兵來到綿山，想要尋找介之推。然而這裡森林密布，想要找到介之推和他的母親實在是非常困難。這時，有人就向晉文公獻了一個計策，說不如縱火把介之推給逼出來吧，只要圍住綿山，從三面放火，介之推就一定會從最後一個方向出來的。

晉文公尋找介之推心切，覺得這個辦法似乎可行，竟然下令照辦！

悲劇就這麼發生了。介之推並沒有被大火逼出來，在大火過後，大家在一棵已經被燒焦的柳樹前，發現了介之推和老母親的屍體。

晉文公想到自己竟然逼死了這麼一個有節操的臣子，不禁悲從中來，對著介之推的屍首就大哭起來，並且當場表示一定要厚葬這對母子。

稍後，就在大家移動介之推的屍身時，發現他把自己的後背死死的堵住柳樹的一個樹洞，再仔細一看，樹洞裡好像有什麼東西。眾人都疑惑起來，難道介之推是在拚死保護什麼嗎？

有人伸手探進樹洞，摸了一陣，果然從裡頭摸出一片殘布，大家猜想大概是介之推從衣襟上扯下來的。攤開一看，原來是一封血書，顯然是寫給晉文公的，上面寫著：

割肉奉君盡丹心，但願主公常清明。
柳下做鬼終不見，強似伴君做諫臣。
倘若主公心有我，憶我之時常自省。
臣在九泉心無愧，勤政清明復清明。

晉文公看了以後，心情沉重，便把這封血書折疊好，默默的放進自己的衣袖裡。由於懊惱自己放火燒死了介之推，晉文公不僅把介之推和他母親厚葬在這棵已經枯死的柳樹下，還把這一天定為「寒食節」，並傳諭全國，今後每到這一天都要忌火，寒食一日。（既然不能生火，當然就只能吃冷東西，也就是「寒食」了。）

第二年，晉文公領著群臣來到綿山祭奠介之推的時候，非常驚訝的發現，那棵早已燒焦枯死的柳樹，竟然重新長出了細枝和嫩芽，如今千萬條柳絲正在迎風輕輕飄逸，充滿了盎然生機。晉文公呆呆的望著這棵死而復生的柳樹，感覺就像看見介之推活生生的站在自己面前一樣。過了半晌，晉文公鄭重走向前，折下幾根柳絲，編了一個圈兒，然後戴在自己的頭上。其他的臣子看了，也都紛紛仿效，接下來大家就這樣戴著柳條，在老柳樹下隆重的祭奠介之推。

為了紀念介之推，晉文公便把這棵復活的老柳樹定名為「清明柳」，並且把這一天定為「清明節」，還把綿山改名為「介山」。

晉文公一直把介之推的血書帶在身邊，時時自我提醒，一定要做一個勤政愛民的好國君。後來，晉文公果然成了「春秋五霸」之一，而每到清明就戴柳插柳的習俗也一直流傳了下來。

「寒食節」和「清明節」其實是連在一起的。最初「寒食節」僅限於晉國之內，晉國以外的人並不清楚，再加上後來年代久遠，很多人對於「寒食節」都不熟悉，反倒是每年一到了清明節，大家就會自動自發的祭祀掃墓、緬懷先人。

五四文藝節

故事14 青年愛國啟示錄

五月四日是「五四文藝節」（今大陸稱作「五四青年節」），是為了紀念一九一九年五月四日的愛國運動而設立的。在這一天，有一個名詞一定會被提出來，那就是「五四精神」。什麼是「五四精神」呢？簡單來說，「五四精神」的核心內容就是——「愛國、進步、民主、科學」。

這個節日的背後是中國近代史上一段屈辱的記憶。一九一八年十一月十一日，延續四年之久的第一次世界大戰終於宣告結束。一九一九年一月，獲勝的二十七個國家在巴黎凡爾賽宮召開和平會議，中華民國也是其中之一，並且以戰勝國身分參加會議。當時中華民國代表顧維鈞在會議上提出廢除外國在華特權，取消「二十一條」等正當要求，沒想到竟然遭到拒絕，甚至後來會議還非常荒謬的決定，今後要由日本接管德國在華的各種特權。

對於如此喪權辱國的決議，顧維鈞如何努力調解都沒有結果，迫於當時國際社會的壓力，原本已經打算無奈的接受，但是，消息傳來，舉國震怒，群情激憤。最先把這股憤怒表達出來的是一群大學生，以學生為先導的五四愛國運動，就這樣如火如荼的展開了。

一九一九年五月一日，北京大學的學生一得知巴黎和平會議拒絕中國要求的消息，就立刻採取行動，召開緊急會議，決定五月三日在北大舉行全體學生臨時大會。當天晚上，北大學生舉行大會，其他學校也有代表參加。會議上，學生代表們紛紛發言，情緒激昂，號召大家奮起救國。最後大會通過四條決議：

・聯合各界一致力爭；
・通電巴黎專使，堅持不在和約上簽字；
・通電各省於五月七日舉行遊行示威運動；
・定於五月四日齊集天安門舉行學界大示威活動。

五月四日，北京十餘所學校共三千多名學生衝破軍警防線，集結於天安門，打出「還我青島」、「收回山東權利」、「拒絕在巴黎和會上簽字」、「廢除二十一條」、「抵制日貨」、「寧肯玉碎，勿為瓦全」、「外爭國權，內懲國賊」等諸多口號，並且要求懲辦交通總長曹汝霖、幣制局總裁陸宗輿、駐日公使章宗祥。隨後，因為軍警的強力鎮壓，學生代表三十幾人遭到逮捕。

這個學生遊行示威活動引起絕大多數民眾的關注和支持，然而北京軍閥政府卻不顧民意，還是頒布了嚴禁抗議的公告，大總統徐世昌甚至下令鎮壓並逮捕抗議學生。

但是，民眾強烈的愛國心都已被激發出來，更多學生團體和社會團體都站出來熱烈表態支持這項愛國運動。很快的，不僅北京各校學生宣告罷課，以此表達嚴正的抗議，其他許多城市的學生也開始紛紛罷課，積極聲援北京的學生愛國運動。

到了六月，由於學生抗議熱潮持續不斷，事態益發擴大，導致數百名學生遭到逮捕，結果又引發了新一輪的大規模抗議活動，影響力遂不斷升級。緊接著，上海工人也開始大規模罷工，以響應學生的愛國行動。終於，在強大的社會輿論壓力之下，幾名高官相繼被免職，總統徐世昌也提出了辭職。六月二十八日，中國代表顧維鈞總算沒有在和約上簽字。

五四運動對近代史的影響相當深遠。一開始是由眾多愛國青年所帶領，一九三九年，陝甘寧邊區的西北青年救國聯合會首先規定五月四日為青年節，後來又慢慢變為文藝節。

一直到今天，五四運動所宣導的「愛國、進步、民主、科學」的精神，仍然是很值得推崇的。

潑水節

「潑水節」是傣（ㄉㄞˇ）族一年一度的傳統節日（大約是國曆四月十三至十五日）。潑水節在傣語中念作「楞賀尚罕」，意思是「六月新年」或是「傣曆新年」。實際上潑水節就是傣曆的元旦，按照傣文曆法，新的一年是從六月開始計算的。

關於潑水節的來歷，當地流傳著幾種傳說。

故事15 美少女降魔

相傳在很久很久以前，在美麗富饒的西雙版納有一個人人聞之喪膽的魔王，他一頭紅髮，面目猙獰，生性殘暴，無惡不作，不僅霸占了西雙版納，還陸續搶來七位美麗的姑娘做他的妻子。這些姑娘們的內心都對魔王滿懷仇恨，都很想殺死魔王，無奈魔王刀槍不入、百毒不侵，誰都制伏不了他，何況是她們這幾個柔弱的女子。

魔王的第七個妻子，名叫儂香，是魔王的妻子中年紀最小的一個。儂香人小，卻頗有膽識，儘管眼前受制於魔王，但是她並不認命，總是想著要從魔王的魔掌中逃脫出來。儂香總是想，任何人都是有弱點的，儘管魔王表面上看起來這麼的厲害，好像什麼都不怕，但是她相信魔王是有弱點的，只不過那個弱點一定是魔王的祕密，恐怕不容易探聽出來。

一天夜裡，儂香用最好的酒肉，把魔王灌得酩酊大醉，好不容易終於把魔王哄得服服貼貼，主動吐露了自己致命的弱點。原來這個天不怕、地不怕的魔王，就怕被自己的頭髮勒住自己的脖子。

（在《聖經》故事裡頭，大力士參孫的唯一弱點也是自己的頭髮。看來很多古人的想像，不管是東方或是西方，都頗有異曲同工之妙。）

機警的小姑娘儂香在打探出魔王這個驚人的祕密之後，趁魔王熟睡之際，鼓起莫大的勇氣，小心翼翼的拔下魔王的一根頭髮，然後用力勒住他的脖子。

果然，魔王的頭顱瞬間就掉了下來！然而，儂香萬萬沒有想到，魔王的腦袋竟然立刻變成了一團火球，滾到哪裡，邪

火就蔓延到哪裡，很快的，房子被燒毀了，莊稼也被燒焦了，情勢十分危急。

為了撲滅邪火，小姑娘儂香勇敢的衝上前去，一把揪住了魔王的腦袋，其他六個姑娘也馬上輪流不停的向魔王的腦袋潑水，就這樣一直潑一直潑，終於在傣曆六月時把邪火給撲滅了。鄉親們一個個都歡欣鼓舞，因為澈底除掉了魔王以後，大家總算可以安居樂業了。這七個姑娘自然也成了老百姓心目中的英雄。

（有些故事版本中，這七個姑娘不是魔王的妻子，而是魔王的女兒，這麼一來，七個姑娘合力除掉魔王之舉，就變成大義滅親了。）

總之，相傳從此便有了逢年潑水的習俗。

到了今天，潑水的習俗實際上已經成為人們相互祝福的一種形式，在雲南當地甚至還有這樣一句諺語：

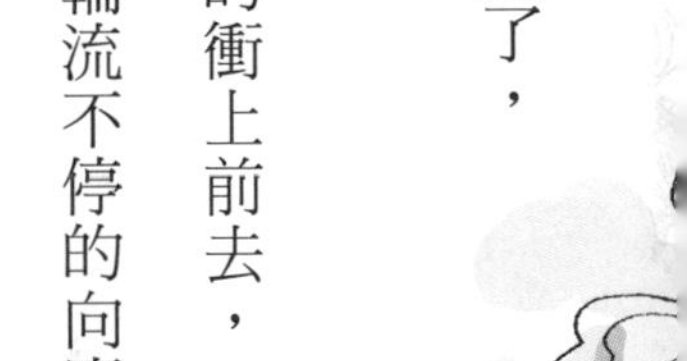

年年有個潑水節
看得起誰就潑誰

在傣族人看來，水不僅是生命之源，有了水，萬物才能滋長（這也是為什麼世界上四大古文明都是誕生於有水的地方，譬如中國文化誕生於黃河流域，埃及文化誕生於尼羅河流域等等）。在傣族人的信仰中，水還是聖潔、美好和光明的象徵，因此，在潑水節的時候，自然是想要祝福誰（所謂「看得起誰」）就要朝他身上潑水，非要把他弄得像一隻落湯雞不可。

故事16 打火英雄投江解渴

關於「潑水節」的由來，在傣族的傳說中還有另外一個版本，在這個版本裡，直接避掉魔王死後繼續用邪火作亂的情節，反而是在故事剛開始的時候，就說明危害老百姓的不是魔王，是天災，是一場可怕的大火。拯救老百姓的英雄也不是七個姑娘，是一個小伙子。大概是因為古人所面對的生活環境非常的艱辛，因此總需要有英雄來拯救大家，為大家改變不利的處境吧。

相傳很久很久以前，在金沙江邊附近密林深處有一個傣族的村寨。有一天，樹林無緣無故的突然發生了大火，所有村民都處在被大火吞噬的危難之中，這時，有一個名叫李良的年輕人，為了保護村莊，冒死衝出火網，到金沙江邊挑來了一桶桶的江水，拚命的對著山火潑灑，經過一天一夜的努力，這場突如其來的山火終於撲滅，村民統統都得救了。但是李良卻因為勞累過度，一頭栽倒在山頭上，一直痛苦的大嚷口渴。

村民們趕緊打來清水給李良解渴，然而奇怪的是，李良一連喝了九十九桶水居然解不了渴，仍然一邊嚷著口渴，一邊痛苦的呻吟。大家都急得半死，不知道該怎麼辦。

過了半晌，始終無法解渴的李良乾脆一頭栽入江中，就在大家的驚愕中，變成一條巨龍，順江而去。（也有的人說，李良變成了一棵大樹。）

總之，傣族人民為了紀念李良，從此每到新年，每戶人家都會清掃乾淨、煥然一新，撒上青松葉，並在選定的江邊或井旁，用綠樹搭起長達半里的青棚，棚下撒滿厚厚的松針，兩旁放上盛滿了水的水槽，在日正當中的時候，大家穿行於棚下，就相互用松枝蘸上些水，然後灑到旁人的身上，表示對李良的懷念以及對新年的祝福。

據說這項活動一直延續下來，就成為傣族人民辭舊迎新、祝福吉祥的潑水節。

端午節

每年農曆五月初五端午節，也是漢族一個非常重要的節日。「端午節」這個名稱是怎麼來的呢？

首先，「端」是「開端」、「初」的意思，因此「初五」本來就可以叫作「端五」。至於「端五」又為什麼會被叫作「端午」，則是因為在農曆中五月被稱為「午月」，而「五」與「午」同音的緣故。

故事17

屈原投江——包粽子讓魚蝦吃到飽

端午節的起源，很多人都相信是為了紀念戰國時代有名的愛國詩人屈原（西元前340-前280年）。其實，根據現代學者考證，端午節早在屈原出生以前的春秋時代就已經有了，因為夏季天氣炎熱，容易滋生各式各樣的傳染病，所以古人都會在五月初五這一天好好進行一下環境衛生活動。許多到現在仍然十分普遍的端午習俗，譬如：插菖蒲、燒艾葉、搗大蒜、撒雄黃水、飲雄黃酒等等，其實都是古人注重衛生防疫的做法。

不過，據說後來因為有人非

常敬佩而且同情屈原，就好意的把屈原跟端午這一天連繫在一起，「紀念屈原」就成了最有名的端午節故事。

屈原不僅是一位偉大的愛國詩人，也是戰國時代一位傑出的政治家和思想家。

他本來是楚國的貴族，年輕的時候就已顯露出卓越的政治才能，再加上又有極高的文采，頗受楚王重用。楚懷王在位的時候，屈原做過「左徒」、「三閭大夫」。

所謂「三閭大夫」，就是負責掌管王族三姓的事務，有統領王族成員的意思，地位可說是相當顯要，也因為能夠經常隨侍在楚王身邊，所以經常有機會和楚王商討國事。

如果是一般人，一定會小心伺候著君王，讓君王開開心心，自己就可以盡情享受著榮華富貴，但是屈原的性格耿直，責任感也很強，不肯為了討好國君而講一些讓國君聽著順耳、實際上卻是不負責任又昧著良心的話，結果就因為這個緣故，屈原先後兩次遭到放逐，被迫離開楚的國都郢都（今湖北江陵縣）。

不過，在流放期間，屈原有了更多接觸老百姓的機會，當他看到老百姓的生活是那麼困苦的時候，生性悲天憫人的他，彷彿忘記了自己的不幸，由衷的對老百姓表達了誠摯的關心和同情。這個時期，屈原寫出了更優秀的詩歌，像《九歌》、《九章》等傳世詩篇，都是在這個時候寫的。

不過，儘管屈原兩度遭到放逐，他的內心仍然沒有放棄希望，仍然關心國家，關心頃襄王，總是期盼頃襄王能早日把他叫回去共同奮鬥。

屈原等呀等呀，可是，最後等到的消息卻是，秦國大將白起帶兵攻打楚國，占領了楚國的國都郢都，楚國已到了朝不保夕的地步！

屈原不由得痛哭失聲，他不願意看到楚國淪亡，據說後來就在農曆五月初五這一天，投汨羅江而死。他的死意非常堅決，因為他在投河的時候還抱了一塊大石頭。

屈原死後，楚國的百姓都感到非常痛惜，便紛紛來到汨羅江邊憑弔屈原。好些漁夫還划著小船，在江上來回打撈屈原的屍身，但是都一無所獲。大家唯恐江裡的魚蝦會噬咬屈原，就拿來一些米飯之類的食物丟進江裡，期望魚蝦們吃飽了，就不會去咬屈原。還有一些人朝江裡倒進一些雄黃酒，說是要把江裡可能存在的蛟龍或是不知名的水獸弄醉弄暈，避免讓牠們傷害屈原的屍身。

後來，大家又擔心丟進江裡的食物會先被蛟龍吃掉，魚蝦吃不到，所以又認為不妨先用竹葉把食物包起來，外面再纏上彩絲，這就是後來的粽子。

從此，每年五月初五，就有了吃粽子、喝雄黃酒等習俗。

唐代詩人文秀曾經做過一首詩，詩的名稱就叫作〈端午〉。

節分端午自誰言，
萬古傳聞為屈原。
堪笑楚江空渺渺，
不能洗得直臣冤。

可見「端午節是為了紀念屈原」這種說法有多麼的深植人心。屈原死了，可是他的精神卻一直流傳下來，一直到現在都還活在我們的生活之中。

故事18

包粽子、划龍船——屈原託夢為裹腹

還有一個關於粽子以及划龍舟由來的版本是這樣的。據說，當屈原在農曆端午那天投江以後，很多楚國老百姓都很傷心，也都很懷念他，就自動自發的帶著食物，划著船來到汨羅江的江心，然後把飯菜統統都丟到江裡來祭祀屈原。

到了第二年的端午，大家還是紛紛聚集在汨羅江邊，一方面緬懷屈原，另一方面還是朝著江心投下一些飯菜。

就這樣過了一、兩年。有一年，在端午快到的時候，很多楚國老百姓不約而同都夢到了屈原。夢中的屈原，雖然衣著頗為華麗，看起來卻非常消瘦，大家都很關心，也很納悶，難道他們投到江裡用來祭祀屈原的食物，屈原都沒有吃到嗎？

屈原說，他知道那些食物是大家要給他的，但是，都被魚蝦早一步吃光了。

這可怎麼辦呢？這時，屈原提供了一個辦法，他告訴大家：「如果你們用竹葉把飯菜包裹起來，包成有尖角就像角黍的樣子，魚蝦就會以為是菱角，不知道裡頭其實是吃的東西，這樣就不會來跟我搶了。」

大家都覺得這個辦法很好，就統統照辦。

端午過後，很多人又都夢到了屈原，大家在夢中都很關切屈原今年是不是吃到東西了？

屈原說，今年的情況確實大有改善，但還是有不少東西被魚蝦吃掉，所以，他又進一步想出一個辦法，那就是：「你們不妨把船打扮一下，弄一個龍頭作為裝飾，船身也漆上龍的鱗片，這樣江裡的魚蝦看到了，就會以為這些食物是龍王親自送來的，這麼一來自然就不敢再來搶了。」

據說這就是「划龍船」的起源。不過，在宋朝學者高承的著作《事物紀原》中，非常明確的說明是起源於春秋戰國時代的越王句踐。

實際上，根據學者考據，端午節吃粽子的習俗是到了漢代才形成的。在《荊楚歲時記》中有這麼一句：「夏至節日食粽。」而「粽」，在古代稱作「角黍」，在《風土記》中提到粽子的時候也說：「謂為角黍，人並以新竹為筒粽。」還明確注明，粽子一定要用竹葉包裹，再用水煮熟，吃起來才會香。

總之，粽子是中華料理中一道極其特殊的食物。有一個笑話說，有一個外國人，收到鄰居送來的粽子，過了幾天，鄰居問好不好吃，這個外國人老實的回答：「裡頭是滿好吃的，但是外面的青菜實在是難吃得要命。」這就是因為外國人不認得粽子是什麼東西啊。

故事19 伍子胥一夜白頭為哪樁？

也有人說端午節是為了紀念生活在春秋末期的名將伍子胥（西元前？-前484年），這種說法在江浙一帶的流傳很廣。伍子胥（ㄒㄩ）所生活的年代比屈原要早了兩百年左右。

伍子胥本是楚國人。在春秋時期，楚國算是一個強國，楚莊王更是「春秋五霸」之一（另外四位分別是齊桓公、晉文公、宋襄公和秦穆公），然而到楚莊王的孫子楚平王即位以後，楚國就逐漸走向衰落。

西元前五二二年，楚平王聽信讒言，竟然無緣無故就想把太子建廢掉。不僅如此，他還想乾脆殺掉太子建。

當時，太子建以及負責輔佐他的老師伍奢正在城父（今河南襄城西）鎮守。楚平王先把伍奢叫來，誣說太子建正在謀反，伍奢說什麼也不相信，極力反駁，惹得楚平王惱羞成怒，立刻下令把伍奢抓起來關進大牢。

伍奢有兩個兒子，大兒子叫作伍尚，小兒子叫作伍員。伍員就是伍子胥。楚平王擔心伍奢這兩個兒子日後會成為一大隱患，決定斬草除根，盡快除掉。於是，他一方面派人去殺太子建，另一方面也火速派人去找伍尚和伍子胥，哄騙他們說：「只要你們回來，我就放了你們的父親。」

任何明眼人一看就知道，這是一個陷阱，伍尚和伍子胥兄弟倆不是傻子，他們當然也知道。然而伍尚淚流滿面的說：「就算是陷阱，我們也該回去啊，畢竟大王說了，只要我們回去就會放了父親，在這樣的情況之下，哪怕只有一線希望，我們也該回去，這是身為人子應盡的孝道啊！」

伍子胥卻不以為然，他覺得哥哥實在是太迂了！

伍子胥力勸道：「明知道回去以後是死路一條，何必還要回去送死？父親想必也不會希望看到我們三個同赴黃泉，他一定會希望我們能夠為伍家保留一絲血脈，然後為他報仇！」

最後，伍尚不聽弟弟的忠告，仍然堅持要回去，果然一回去就跟父親一起被處死了。伍子胥則是立刻出逃，僥倖逃過一劫。

伍子胥逃出楚國以後，就直奔宋國；他聽說太子建已經先自己一步逃到了宋國。不料，就在兩人剛剛碰到面時，宋國就發生了內亂，伍子胥和太子建只好又匆匆逃到鄭國。

在鄭國，他們一待就是三年。在這三年期間，太子建報仇心切，卻始終得不到鄭國國君鄭定公的支持，於是心生埋怨，竟然參與了一項政變，與鄭國一些野心家一起密謀，想要對鄭定公不利。

不幸的是，風聲走漏，太子建就這樣被鄭定公給殺了。

在危急萬分的情況之下，伍子胥帶著太子建的兒子（也就是公子勝）逃出了鄭國，想要投奔吳國。自從三年多前伍子胥出逃以後，楚平王就下令在境內很多地方都張貼伍子胥的畫像，想要捉拿伍子胥，因此，在他們逃到吳國與楚國交界的昭關（今安徽含山縣北）時，內外的警戒非常嚴密，對過往行人的盤查極為嚴格，想到要通過昭關實在是非常的困難，伍子胥非常發愁，據說愁得一夜之間把頭髮都給全部愁白了。

有一句俗語，「伍子胥過昭關，一夜愁白了頭」，指的就是這個故事。

萬幸的是，他們遇到了一個好心人，這個人就是東皐（ㄍㄠ）公。東皐公很同情伍子胥，找了一個相貌很像伍子胥的人來冒充伍子胥，引開昭關守衛的注意，而真正的伍子胥由於頭髮全白了，整個人看起來很不一樣，就這樣有驚無險的蒙混過關。

出了昭關，伍子胥和公子勝都很害怕後面有追兵，一路疾行，絲毫不敢耽擱。逃了一段路之後，他們來到一條大江前，正在著急不知道該如何渡江的時候，幸好一個老漁夫划著一條小船及時出現，把他們送過了江。

伍子胥的內心對老漁夫充滿了感激，過江之後，就把自己身上佩帶的寶劍解下來，交給老漁夫，誠摯的說：「這把寶劍是從前楚王賜給我祖父的，是我們家的傳家之寶，最保守的估計至少也應該值一百兩金子，現在我把這把寶劍送給你，多少也算表達我的一點心意。」

然而，老漁夫卻拒絕了這項餽贈。

老漁夫說：「楚國早就下令，說只要抓到您就可以得到五萬石（ㄉㄢˋ）的粟以及高官厚祿，可是這些我都不在乎，您想，這樣我還會在乎您的寶劍嗎？」

也就是說，老漁夫是真心想要幫助伍子胥的啊。

伍子胥非常感動。辭別了老漁夫之後，他們繼續踏上逃亡之路，往吳國前進。

還沒有到吳國，伍子胥就病倒了。可是，就算是拖著病體，就算是有一頓沒一頓，伍子胥仍然咬著牙一路前行。最後，伍子胥可以說是靠著一路乞討好不容易才到了吳國。

到了吳國之後，伍子胥結識了吳國的諸多權貴，其中包括了公子光在內。伍子胥很快就看出公子光是一個很有野心的人。果然，不久公子光就找了一個刺客刺殺了吳王僚，然後自立為王，他就是吳王闔閭。

公子光所找的那個刺客，司馬遷在《史記・刺客列傳》中有特別提到他的故事，他的名字叫作專諸。專諸猶如一個敢死隊的隊員，在行動之前先把自己的老母親和弱子託付給公子光，等於是抱定了必死的決心，所以必須先安排好後事。

那天，公子光設宴招待吳王僚。吳王僚率著大隊人馬浩浩蕩蕩的來了。大批甲士統統披甲坐在道路兩旁，從大門、台階、房間門口、座席上，到處都是吳王僚的士兵，連端菜進來的人在進入房間之前都要先脫光衣服，重新換上別的衣服，然後再由士兵緊緊用劍抵著，才能走到餐桌前面。那麼，在戒備如此森嚴的情況下，專諸是如何完成這個看似不可能完成的任務的呢？

原來，專諸將一把鋒利的匕首藏在一條魚的肚子裡。當他端著這盤香噴噴的魚，走到吳王僚的面前時，便迅速抽出匕首殺死了吳王僚。當然，專諸隨後也立刻被士兵給殺了。

吳王闔閭即位以後，封伍子胥為大夫，又任用了兵法專家孫武，勵精圖治，整頓兵馬，陸續兼併了附近幾個小國。到了周敬王十四年（西元前506年），吳王拜孫武為大將，伍子胥為副將，大舉伐楚，一直打到了楚國的都城郢都。

伍子胥去國十六年，終於又回到了家鄉。他迫切的想要替父親和兄長報仇。此時仇人楚平王雖然已經過世，但伍子胥仍然命人挖開了楚平王的墳，把楚平王的屍身拖出來，鞭屍三百下洩憤。直到這個時候，伍子胥的大仇總算是報了。

到這個時候，伍子胥報仇的故事算是劃上了一個句點。然而，後來伍子胥卻沒有得到善終。

十年以後，周敬王二十四年（西元前496年），吳王闔閭興兵伐越，不幸戰死，其子夫差即位，發誓要報仇。兩年以後的春天，吳王夫差打著為父報仇的名義向越國發動進攻，不久就打敗了越軍，迫使越軍退守會（ㄍㄨㄟˋ）稽山（今浙江紹興東南）。

越王句踐被困在會稽山上，進退兩難，十分狼狽。幸好謀臣范蠡為他出了一個主意，要他趕緊去向吳王夫差求和，請求饒恕，甚至表示願意做吳王的奴僕，總之只要先逃過眼前的劫難，留得青山在，不怕沒材燒，以後再從長計議。於是，越王句踐就派出大夫文種前去求和。

吳王夫差看文種的態度如此謙卑，一時心軟，正要答應，伍子胥在旁阻止道：

「越國即將滅亡是上天的旨意，天意是不可以違背的，大王千萬不能答應他們的求和！」

吳王夫差這才拒絕了越國使者的提議。然而，接下來文種等人私下買通了吳國的太宰嚭（ㄆㄧˇ），此人生性貪婪，在收到來自越國的厚禮以後，只顧著個人利益，就把國家利益完全拋到了腦後。因此，當越王句踐再度派文種前來求和時，還允諾將獻上寶物與美女（就是西施），太宰嚭就一直幫著越國說話。

伍子胥眼看吳王夫差逐漸動搖，拚命勸阻道：「除惡務盡，斬草除根，越王句踐素有野心，在他身邊的文種、范蠡等人，一個個都是很有才幹的人，如果今天不滅了越國而放他們一馬，無異是為我們自己留下莫大的隱患！」

可惜，吳王夫差沒有採納伍子胥的意見，最終還是與越國談和，只不過是把越王句踐當作人質帶回了吳國。

越王句踐就這樣在吳國待了三年。在這三年期間，他在范蠡隨時獻策的陪伴之下，對吳王夫差處處卑躬屈膝，終於爭取到了回國的機會。不用說，伍子胥當然是強烈反對放句踐回國。他認為這相當於縱虎歸山，會造成難以估量的嚴重後果，然而吳王夫差還是沒有聽他的話。

果然，越王句踐回國以後，臥薪嘗膽，經過長期的艱苦奮鬥，「十年生聚，十年教訓」，一度瀕臨滅亡的越國終於又慢慢的強大起來。

到了周敬王三十八年（西元前482年）夏天，一向好大喜功、想要稱霸中原的吳王夫差，計畫揮師北上攻打齊國，伍子胥苦口婆心的不斷勸諫道：「就算打敗了齊國，對我們來說，齊國也只是一塊到處都是石頭的田地，拿到手裡一點用處也沒有，要打仗就應該打越國，越國才是我們真正的敵人！」

然而，不管伍子胥如何提醒，夫差就是不聽，仍然執意要去打齊國。兩軍交戰，果真打敗了齊軍。這麼一來，夫差就更加不可一世了。他回國以後，洋洋得意的對伍子胥說：「哼，還教我不要去打齊國，現在不是凱旋歸國了嗎？你還有什麼話說？」

伍子胥沒有好氣的說：「您可不要高興得太早！」

就這樣，夫差和伍子胥君臣之間的嫌隙愈來愈深。後來，有一次夫差還是聽不進伍子胥的勸阻，堅持同意借糧給越國。伍子胥氣憤的對友人說：「大王總是一意孤行，聽不進我的意見，我看不出三年，吳國一定會變成一片廢墟！」

其實，向吳國借糧是越國的一種試探，想看看夫差對越國有沒有防備心，所以伍子胥的擔憂是很有道理的。然而，伍子胥的牢騷輾轉傳到夫差的耳裡以後，夫差可氣壞了，再加上暗地裡一心向著越國的太宰嚭，一直在夫差面前不斷的煽風點火，頻頻批評伍子胥道：「伍子胥這個人外表看起來忠厚，實際上內心是很殘忍的，畢竟當年他都可以棄親生父親和哥哥的性命於不顧而獨自逃命啊！想想看，一個連父兄都不顧念的人，又怎麼會來顧惜君主呢？而且他這個人心胸狹小，大王要打齊國，他強烈反對，看到大王凱旋歸來，他非但不高興，反而還口出惡言，嫉恨大王，我看啊，這樣的人遲早會背叛您的。」

最初，夫差看在伍子胥當年輔佐自己的父親有功，還不相信伍子胥會有二心。但是，由於太宰嚭等人不斷說著伍子胥的壞話，夫差對伍子胥的信任不知不覺就慢慢動搖了。剛巧後來夫差派伍子胥出使齊國，聽說伍子胥竟然把自己的兒子託付給齊國人，不禁大怒，認定伍子胥果真是有異心。後來，伍子胥返國，夫差完全不肯聽伍子胥的解釋，就派人賜了一把寶劍給伍子胥，叫他自殺。

伍子胥悲憤莫名，當場咬牙切齒的對使者說：「在我死後，一定要把我的眼珠子挖出來，放在東門上，我一定要親眼看見越軍殺進國門！」

伍子胥死了。夫差一得知伍子胥臨死前的那番遺言而大發雷霆，完全不顧伍子胥生前對國家有大功，竟然命人把伍子胥的屍體裝進皮革裡，然後在五月初五這一天投進大江之中。

吳國百姓都很同情伍子胥，據說從此每年五月初五這一天，大家就會自動自發的紀念伍子胥。相傳端午節就是紀念伍子胥的忌日。

吳越兩國之間的恩恩怨怨是春秋末年主要的大事。不聽伍子胥忠告的吳王夫差，最後果然敗在越王句踐的手上。拔劍自刎之前，夫差還遮掩住自己的臉，滿心慚愧和悔恨的說：「我真恨自己當初為什麼不聽伍子胥的忠告，我實在是沒臉在黃泉之下和他見面啊！」

故事20

白娘子與許仙的第六感生死戀

每逢端午佳節，我們都很容易就想起白娘子和許仙的故事（也就是〈白蛇傳〉）。

有人把〈白蛇傳〉和〈牛郎織女〉、〈孟姜女哭倒長城〉、〈梁山泊與祝英台〉並稱為中國四大民間愛情傳說，其中〈白蛇傳〉和〈牛郎織女〉這兩個故事都跟節日有關；前者是跟端午節有關，後者是跟七夕。

為什麼一到端午節就會想到白娘子呢？大概是因為白娘子是最能顯示出雄黃酒威力的角色；大家都說喝雄黃酒能夠避邪，雄黃酒到底有多厲害，我們來看看白娘子和許仙的故事就知道了。

據說，白娘子和許仙是在杭州西湖的斷橋附近相遇的。一直到現在，「斷橋殘雪」仍然是西湖有名的十景之一。

白娘子名叫白素貞，是一條千年蛇精，她有一個好姊妹，是一條青蛇，來到凡間以後叫作小青。

白娘子和書生許仙一見鍾情，很快便共組家庭，一起生活。小青也一直陪伴在白娘子的身邊。

白娘子和許仙的感情非常融洽，他們的日子本來也過得很愜意，無奈偏偏來了一個和尚，名叫法海，他就是看不慣人妖在一起生活，因此決心要把他們拆散。法海告訴許仙，他的妻子是妖怪，許仙根本不信，認為法海所言實在是太過荒唐。

直到這一年的端午節，許仙終於見到了不可思議的一幕……

那天，一大早，白娘子就悄悄對小青說：「今天是端午，我看你還是趕快先到山上去躲一躲吧。」

小青要白娘子一起去，但是白娘子擔心如果她們倆同時失蹤，許仙可能會起疑，於是仗著自己千年的修練，心想應該頂得住的。

沒想到，稍後在飯桌上一聞到雄黃酒的味道，白娘子就覺得一陣噁心，難受得不得了。她皺著眉頭把雄黃酒推遠一點，然而許仙卻仍然傻呼呼、一個勁兒的勸她酒，一直說什麼端午節喝雄黃酒是一種習俗呀，雄黃酒可以避邪呀。許仙說了半天，白娘子實在拗不過，心想：「憑我千年修練的功夫，總不可能扛不住這小小一杯雄黃酒吧。」

無奈之餘，白娘子只得硬著頭皮喝了。

不料，那杯雄黃酒才剛剛下肚，白娘子馬上就覺得一陣天旋地轉，整個身子好像馬上就要爆裂開來！

「不行了，我很不舒服，我要去休息一下……」說完，臉色發白的白娘子就跌跌撞撞的離開餐桌。她一回到房間，就鑽到床上，放下了帳子。

過了一會兒，許仙看妻子遲遲沒有回來，很不放心，就來到房間想要探視，一掀開帳子，赫然看到床上盤著一條好粗好粗的大白蛇！

白娘子終究抵擋不了雄黃酒的威力，被雄黃酒逼出了原形哪。

許仙被嚇得魂飛魄散，當場「咕咚」一聲跌倒在地，活活被嚇死了！

後來，好不容易才緩過來的白娘子十分悲痛，認為是自己害死了許仙。為了救活許仙，她不得不匆匆趕到崑崙山去盜取仙草。

許仙吃了仙草死而復生以後，白娘子把一條白絹變成一條大蛇，扔在院子裡，然後告訴許仙，剛才爬到床上的大蛇已經被她們打死了。許仙相信了妻子和小青所說的話，相信之前只不過是一個誤會，一定是自己酒喝多了，老眼昏花了，還很為自己的膽小而感到不好意思。

日子又恢復了原來的平靜。然而，一心收妖的法海和尚卻不肯罷手，最後拿了一個缽攝走了白娘子，再把她鎮在西湖邊的雷峰塔下面。直到多年以後，白娘子和許仙的兒子中了狀元，跑到雷峰塔這裡來哭祭母親，才把雷峰塔哭倒，救出了母親，一家團圓。

至於那個法海和尚呢？有另外一個故事來說明他後來的「下場」。

據說，法海和尚上門來收伏白娘子的時候，小青剛巧外出不在家，等她回到家，發現姊姊被法海和尚抓走了，非常生氣，馬上提起寶劍追了出去，一追到法海，兩人就打了起來。

但是，連白娘子都敵不過法海，小青怎麼可能打得過？眼看就要敗下陣來，小青心想，「不行，我不能死，我一定要留下最後一口氣，然後好好的練功夫，將來再為姊姊報仇！」

想到這裡，小青立刻「咻」的一下就不見了。她到哪裡去了呢？原來是直接上雁蕩山練功去了。（雁蕩山在今天浙江樂清，山勢相當雄偉。）

三年之後，小青覺得功力已經大有長進，就來找法海算帳，沒想到居然還是打不過，只得又回到雁蕩山繼續練功。

就這樣，每隔三年，小青就從雁蕩山下來到金山寺找法海和尚，打不過就又回到山裡去苦練。三年又三年，一直到了第十二個年頭，小青終於可以打倒法海和尚了，這回法海和尚不敵，拖著禪杖拚命的逃，一路逃出了金山寺，躲進了樹林裡。

為了躲避小青的追擊，法海和尚變成了一棵樹，可是這個時候小青已經是武力高強的蛇精，一眼就識破了法海，舉起寶劍猛的就朝大樹砍了過去。法海和尚只好趕緊朝山下逃，一直逃到了江邊。

這時，江邊正好有一隻螃蟹，法海和尚一看，念了幾句咒語，就縮起身子想暫時躲進螃蟹裡。很快的，小青追上了，又是一眼就看破法海的計謀，頓時就有了一個主意。

小青心想：「既然你把姊姊鎮壓在雷峰塔下，那麼我也要把你鎮在螃蟹裡，你永遠都不要想

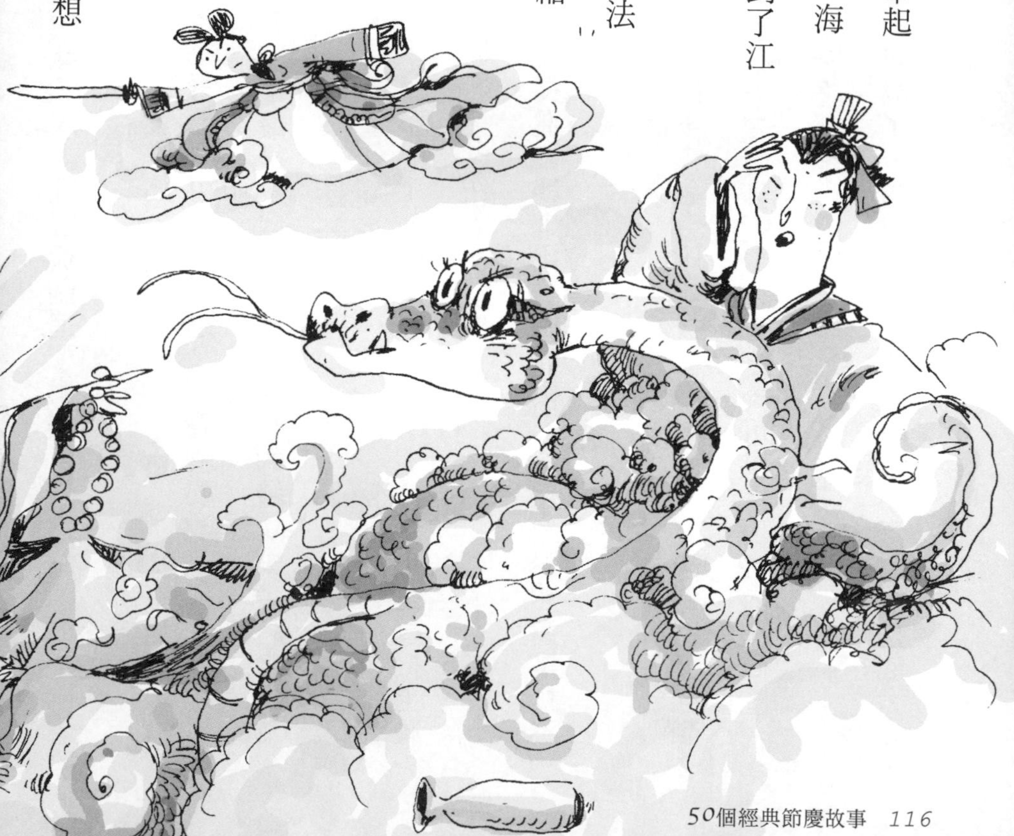

出來！」

於是，她就用寶劍在蟹殼上畫了幾道符。

報了仇以後，小青就回到雁蕩山去了。而法海呢，知道小青走了，覺得危險已經過了，就嘰里咕嚕念著咒想要出來，但是他沒有想到蟹殼已經被小青封住了，無論他怎麼念咒都出不來。

後來，當地人就把這種螃蟹叫作「蟹和尚」，說蟹殼上看起來總是有好幾道痕，就是小青為了封住法海所畫下的符；而螃蟹總是吐泡泡，據說也是因為法海和尚為了脫困而不斷念咒的緣故。甚至還有人繪聲繪影的說，只要把螃蟹的硬殼剝開，那些蟹黃看起來不就好像是一個濃眉、盤腿、穿著一身袈裟的和尚嗎？

可見一般民間老百姓普遍都還是比較同情白娘子，反而覺得法海和尚實在是太多管閒事了啊。

故事21

玉皇大帝放火燒人間

從農曆六月二十四日起，是納西族一連三天的「火把節」，在這三天之內，每戶人家都要在家門前，點一根像柱子一樣粗壯高大的火把。寨裡的年輕人要一個個都舉著火把，沿著田埂和山路，邊走邊唱還邊跳，一直熱鬧到深夜。無論是家門口的火把，或是納西人手裡舉著的火把，大家都會刻意讓它們保持燃燒狀態，因為火把燒得愈旺，就意味著愈是吉利。

關於火把節的由來，自然也有一個故事。這個故事讀起來的感覺，和元宵節傳說中有關元宵姑娘那一個故事有些類似，都是出於想要哄騙玉皇大帝，藉此來逃過一場大難。不過，在元宵姑娘的故事中，玉皇大帝是無辜的，說玉皇大帝要派出火神君火燒長安，完全是東方朔胡編瞎謅的，簡直就是造謠，目的是為了要幫助元宵姑娘以及其他宮女，能夠順理成章的出宮和家人會面；但是在納西人的傳說中，玉皇大帝倒是真的想要火燒大地，後來大夥兒是在一個「掌火天神」的幫助和指點之下，才幸運的逃過一劫。

那麼，玉皇大帝為什麼要火燒大地呢？據說是出於妒嫉。

相傳在很久很久以前，玉皇大帝覺得人神有別，不想讓人間的穢氣沖上來，於是下令把天門緊緊的關住，從來不讓天門打開。這樣過了不知道多久，有一天，玉皇大帝有感於天上的美景他實在是已經看夠了，也看膩啦，忽然起了一個好奇心，想要看看下面人間的景象，便命天兵打開了天門。

沒想到，才剛剛瞧上幾眼，玉皇大帝就愣住了……

那青山綠水、百花盛開，還有那一個個可愛的村莊、那些奔跑的小動物，以及在田裡一邊辛勤勞動、一邊唱著山歌的人們……哎呀，下面的人間真美啊！

玉皇大帝癡癡的看著，看了好半天都沒有辦法收回自己的視線。

等到玉皇大帝終於看飽了，回頭再看看自己的天宮，頓時火冒三丈，因為他覺得自己的天宮，包

括天庭在內，看起來都太無聊了！哪像人間那麼有趣、那麼好玩？

一氣之下，玉皇大帝就下了一道命令——派出掌火天神下凡去把人間燒個精光！

掌火天神是一個非常仁慈的天神，雖然領了旨，火速來到人間，可是他並沒有按照玉皇大帝所吩咐的那樣，一下凡就一股腦兒的到處放火，反而到處走走看看，愈看就愈覺得人間是如此美好，老百姓們又是如此純樸，根本就沒有犯什麼過錯，為什麼要放火燒死他們呢？掌火天神深感玉皇大帝這道指令，實在是有太多的不合理，他不願意執行這樣的命令，想了一想，下定決心要犧牲自己，保全人間。

於是掌火天神回到天庭，向玉皇大帝覆命時撒了一個謊，宣稱已經把人間燒光了。這樣的謊言當然很快就被拆穿，發覺受騙的玉皇大帝氣得要命，馬上命左右神將把掌火天神推出去斬了。

（這一段情節，又令我們不免聯想起希臘羅馬神話故事中，為了協助人間百姓而受到天帝宙斯懲罰的普羅米修斯。）

掌火天神被殺的時候，他的一滴血濺出了天門，落向了下面的人間大地，不一會兒就落在一座雪山腳下村寨旁邊的一座小廟前。那天，廟裡的和尚出門挑水，看見了這一滴血，便彎腰用一塊紅布把它精心包好，然後就恭恭敬敬的供奉在廟裡。

到了六月二十四日那一天晚上，神奇的事情發生了。接近傍晚時，人們才剛剛從田裡做完農活回來，突然看見一個小娃娃從廟裡忙不迭的跑出來，攔住大家大哭道：「天上蠻橫殘暴的玉皇大帝，嫉妒人間比天上美好，今天晚上還要派一個天將下來放火，你們趕快在家門口點上大火把，再舉著小火把到處穿梭，要一連三個晚上，把火點得愈旺愈好，這樣就可以瞞過玉皇大帝。只要他看到人間已經火光滿天，就不會再派天將下凡來放火了。」

一個來歷不明的小娃娃，開口竟然講了這麼一大堆恐怖兮兮的話，顯然這不是一個普通的小娃娃，這個小娃娃就是那個好心的掌火天神的一滴血所變的。

老百姓們對於這番忠告毫不懷疑，馬上到處傳播，很快的，大家就都聽從指示做好了準備，一方面在家門口點上大火把，一邊人人舉著小火把到處跑、到處走動，就這樣一連三天。而天上的玉皇大帝眼看人間大火一燒就是三個晚上，非常高興，果真取消了再度放火的命令，還下令關上天門，安心的回天庭去了。

（看起來，玉皇大帝好像很好哄啊？還是因為他是一個近視眼？）

人間就這樣逃過了一場浩劫。大家為了紀念這件事，以及為了表達對於掌火天神的感激，從此每到六月二十四這一天，就紛紛扎火把、點火把，久而久之就慢慢形成了火把節。

七夕

故事22

牛郎織女搞烏龍

〈秋夕〉／唐　杜牧

銀燭秋光冷畫屏，
輕羅小扇撲流螢。
天階夜色涼如水，

坐看牛郎織女星。

七夕的故事，最具代表性的當然就是牛郎織女的故事了，傳說牛郎織女每年只有在七月初七這一天能夠見上一面。七夕近年來在商家的炒作之下，儼然已成為「中國情人節」。

不過，有一個故事的版本告訴我們，原來「一年只能見一次面」其實是一個誤會。關於這一點，我們稍後再說。

我們先來說一說，牛郎和織女，一個是地上普通的放牛男孩，一個是天上的仙女，他們倆是怎麼開始談戀愛的？傳說這都是一條老黃牛幫的忙，這條老黃牛可以說是牛郎和織女的媒人。

牛郎織女的故事版本不只一個，雖然細節都不盡相同，有一點是一樣的，那就是這條老黃牛也不是人間普通的牛，而是來自天上，所以有著特異功能。

現在我們就先來說說其中一個版本。

傳說中，老黃牛從很早的時候就開始在暗中幫助牛郎了。因為哥哥嫂嫂對牛郎很不好，經常捨不得把食物給他吃，牛郎又很老實忠厚，從來不曾抱怨，仍然默默的做自己的事。

有一天，正在放牛的時候，老黃牛突然開口說話了。

老黃牛說：「牛郎啊，你家來客人啦，你嫂子做了好多飯菜，你快回去一起吃吧！」

牛郎吃了一驚，然後說：「不行啊，我沒事跑回家，嫂子還不罵死我？」

老黃牛說：「你就說牛繩斷了，回家找一根牛繩，不就可以了嗎？」

「那……我不在，要是你亂吃人家的莊稼可怎麼辦？」

（牛郎還滿有責任感的呢。）

老黃牛保證：「不會啦，我一定只吃草，不吃莊稼。你要是不信，就在草地上畫一個圈子，我就吃這個圈圈裡的草。」

「好呀。」牛郎在草地上畫了一個圈，然後就放心的回家了。

一到家，就看見家裡果真來了客人，是哥哥的岳父和岳母。桌上的飯菜相當豐盛，幾個人高高興興的坐在桌前。正要開飯時，牛郎突然出現，嫂嫂愣了一下，很不自在的問道：「你怎麼回來了？」

牛郎按照老黃牛教他的話回答：「牛繩斷了，我回來找一條牛繩。」

哥哥的岳父岳母都說：「既然回來了，那就一起吃吧。」

於是，牛郎就難得的飽餐了一頓。

從此以後，說來也怪，每回家裡來了客人，或是飯菜比較豐盛的時候，哥哥嫂嫂刻薄小氣，本來是不想讓牛郎分享的，但牛郎卻總會突然冒出來，就好像未卜先知似的，弄得哥哥嫂嫂又氣又怒又不好發作，只得暗暗商量，一定要想一個辦法來對付牛郎。

過了一陣子，有一天，當牛郎正在放牛的時候，老黃牛說：「牛郎啊，你哥哥嫂嫂要跟你分家了，他們想要把你給趕出去了啊。」

牛郎一聽就慌了，「啊！那可怎麼辦啊？」

「別擔心，你仔細聽好。」老黃牛說：「在分家產的時候，如果要讓你先選，你就說你要牛一頭，繩一條，牛具一套，還要兩畝田地。」

果然，第二天，哥哥嫂嫂開口說要分家，還把很多族人都找來，要大家一起做個見證。

哥哥說：「牛郎今年已經十七歲了，不小了，應該獨立謀生了。兄弟之間遲早總是要分家的，我看啊，我們跟牛郎也該分家了……」

族人們都擔心牛郎老實可欺，便不約而同的幫著牛郎說話：「分家也好，不過，大的應該要讓小的，家產就讓牛郎先選吧！」

哥哥嫂嫂一聽，臉上青一陣紫一陣，臉色很不好看，但一時又不好表示強烈反對，只能暗暗希望牛郎的胃口小一點，別把好東西都挑走了。

「好的，那我就不客氣，我就先選啦，」牛郎大聲說：「我要牛一頭，繩一條，牛具一套，還要兩畝田地。」

牛郎說罷，可想而知，哥哥嫂嫂都鬆了一口氣，簡直是樂壞啦！族人們則都紛紛搖頭，大嘆牛郎實在是太傻了，讓他先選，他怎麼就選了這麼一點點東西呢？

分家以後，牛郎就很乾脆的搬出了哥哥嫂嫂的家，在自己分得的那兩畝田地邊，搭了一個草棚，白天種地，晚上就編籮筐，感覺日子過得也不錯。

又過了一段時間。一天，老黃牛說：「牛郎啊，你也不小了，該討媳婦啦。」

「別開玩笑啦，」牛郎笑道：「我窮得這個樣子，怎麼可能還討得上媳婦呀？」

「有的、有的，沒問題，包在我身上，」老黃牛說：「來吧，你騎在我的身上，閉上眼睛，我帶你去找媳婦。」

牛郎就乖乖騎上老黃牛的背。剛一坐穩、閉上眼，就覺得微風拂面，飄飄蕩蕩。過了好一會兒，只聽見老黃牛輕聲說：「好了，你可以把眼睛睜開了。」

牛郎睜開眼睛一看……哇！他馬上就呆掉了！

這是哪裡呀？好美啊！在他眼前居然是一方荷花塘，而且……裡頭居然有好幾個姑娘正在洗澡！

老黃牛輕聲交代：「快！看到沒有？草地上有她們的衣服，趕快拿一套跟我走！」

牛郎不敢耽擱，趕緊按照老黃牛的吩咐，從草地上撿起一套衣服就跳上老黃牛的背，閉上眼，馬上又覺得飄飄忽忽起來。隱約之間，牛郎好像聽到有姑娘在後頭追趕的聲音，但是他也不敢睜開眼睛來看。

等到一著地，就是自家門口。很快的，有一個美麗的姑娘找上門來。姑娘的身上裹著一塊大白布，羞答答的開口向牛郎要衣服。

這個來自天上的姑娘，就是織女。

老黃牛對織女說：「牛郎是一個宅心仁厚又誠實勤勞的人，你們倆是天生的好姻緣，妳乾脆就留下來吧。」

織女看看牛郎，頗有好感，就真的這麼留下來了。

接下來，牛郎織女相親相愛的一起生活，還陸續生了一個兒子和一個女兒，日子真是過得就像加了蜜

似的甜美。

時間過得很快，不知不覺已過了三年。

這天，老黃牛對牛郎說：「我快要死了，等我死了以後，你們就把我的皮完完整整的剝下來，小心放好，等到哪一天碰到有困難的時候，這張皮會幫助你們的。」

牛郎好傷心，老黃牛還反覆勸慰他。

後來，老黃牛死了，牛郎和織女就按照老黃牛的指示，開始把老黃牛的皮剝下

來。不過，想要完整的剝下皮來可不是一件容易的事，在實際剝皮的過程中，老黃牛的皮有好幾處都被剝壞了，這讓牛郎又難過了好一陣。

過了幾天，困難的時候到了。這天，天空忽然狂風大作，烏雲密布，緊接著就聽到一陣雷霆。

織女的臉色都變了，她知道雷公來了。果然，空中響起了巨雷般的聲音：「織女聽好了！玉帝有旨，你私自下凡，違反天規，如果不速回天庭，你們都將遭到五雷轟頂！」

牛郎織女一聽，都嚇壞了，兩個年幼的孩子也被嚇得哇哇大哭。

織女感覺天意難違，哭著對牛郎說：「沒辦法了，我得走了……」

牛郎大喊：「不！你別走！」

兩個孩子也都抱著織女，不肯讓母親離開。

就在這時，從空中跳下來幾個天兵天將，不由分說抓住織女就騰空而起。

牛郎一看，急得不得了，想起老黃牛的話，急忙跑進屋裡取出那張老黃牛的皮披在身上，還用一個籮筐，把一雙小兒女放在兩頭，然後一肩挑起就拚命的追，追著追著居然腳底生風，也飛了起來！

然而，或許是牛皮有好幾處是壞的，不夠完整，因此，無論牛郎怎麼追還是追不上。而那些天兵天將看到牛郎追來，很不高興。織女唯恐天兵天將傷害牛郎和孩子，趕緊拔掉髮上的金簪用力一劃，就在空中劃出了一道銀河！

這道銀河解救了牛郎和孩子，使天兵天將不能拿他們怎麼樣，但是織女也把自己和家人就此隔在了銀河的兩頭！

織女含著淚對牛郎大聲說：「以後每逢七七日相會……」

織女的本意是指以後每個月逢七的日子，也就是初七、十七以及二十七這三天相會，沒想到因為銀河遼闊，兩人的距離太遙遠，以至於牛郎聽錯了，以為今後只有每年七月初七才能相會一次。

故事23 老黃牛包吃包穿包作媒

現在我們不妨再來看一看關於牛郎織女的另外一個版本。在這個版本中，對於老黃牛的來歷以及牛郎一家人後來的結局，都有比較詳盡的說明，而拆散牛郎織女的也不是玉皇大帝，而是王母娘娘。

從前有一個男孩，從小就是一個孤兒。他一直很想要一頭牛，可是他太窮了，連一頭牛都買不起。

有一天，他在山裡發現了一頭受了傷的老黃牛。這頭老黃牛很特別，居然能夠開口說人話。老黃牛說，他來自天上，因為同情地上的百姓生活困苦，偷了天倉的五穀種子悄悄撒到人間，結果被玉皇大帝發覺，大發雷霆，就一腳把他從天上給踢了下來。

（老黃牛的遭遇，很像希臘羅馬神話中，因為好心替人間百姓偷火種，而遭到天帝宙斯懲罰的普羅米修斯啊。）

男孩聽了，對老黃牛十分感佩，就開始照顧老黃牛。等到老黃牛的傷好了，就把老黃牛帶下山。

從此，男孩再也不孤單了，老黃牛成了他最好的同伴。平常，老黃牛協助男孩一起幹活，空閒的時候，大家總是看到男孩和老黃牛待在一起，好像還會嘰哩咕嚕不知道在說些什麼。這是因為只有和男孩單獨在一起的時候，老黃牛才會開口說話。

於是，大家就開始把男孩稱作「牛郎」。

牛郎漸漸長大，老黃牛覺得，像牛郎這麼好的一個人，應該有一個很好的老婆。老黃牛決定幫牛郎找一個好老婆。

在一個星光燦爛的夜晚，老黃牛要牛郎抬頭看著星空。

老黃牛說：「有幾個仙女正在玉池邊洗東西呢，看到了沒？如果有仙女也在看你，就表示她喜歡你。」

「在哪裡？」

一開始牛郎什麼也沒看見，經過老黃牛再三提示，終於發現了——喲，好像真的有一雙明亮的眼睛正在看著自己呢！

這個仙女就是織女。

除了織女，其他仙女都沒有注意到地面上有一個大男孩，正仰著腦袋朝天空癡癡的望著。

第二天，織女又來到玉池邊。這天晚上她是一個人來，就在玉池邊安安靜靜的織布，而牛郎呢，則是老早就已經等在那裡，遙望著天上的織女，動都不動一下。

這樣一連過了七個晚上，老黃牛看牛郎和織女互相愛慕，感覺應該讓他們開始正式相處了，就跟牛郎說：「牛郎呀牛郎，趕快把車套好，我們去接織女下凡來！」

織女就這樣來到了人間。她不是空手來的，不僅帶來一台織布機，還有一籃天上的蠶。從此，這對因緣特殊的小夫妻就過著相親相愛的日子。

村民們看牛郎不知道打哪兒娶來了這麼美麗又這麼能幹的老婆，都羨慕得不得了。織女還非常大方，一方面教大家如何養蠶，一方面教大家如何織布，漸漸的，大家的生活都獲得了大幅的改善。

後來，織女陸續生下兩個孩子，男孩名叫金哥，女孩名叫玉妹，一家四口過著和睦幸福的日子。

這樣過了好幾年，在一個豔陽高照的午後，牛郎正在田裡幹活的時候，忽然聽到一陣響雷從雲層裡傳了下來。

牛郎很納悶，嘀咕道：「奇怪，天氣這麼好，怎麼會打雷？」

這時，老黃牛回過頭來望著牛郎，牛郎發現老黃牛的眼眶裡溼溼的，顯然是剛剛流了眼淚。

牛郎嚇了一跳，「你怎麼了？」

老黃牛說：「這不是雷，這是敲擊天鼓的聲音啊，天鼓一響，我就要死了。」

「什麼！」牛郎大吃一驚，「這是怎麼回事？」

「時間不多了，你要仔細聽好……」

老黃牛說，他把織女帶到人間，是觸犯了天條，而且罪責比起當年從天倉偷了五穀種子還要嚴重，現在牠是非死不可了。等牠死了以後，就把牠的皮剝下來做成三雙靴子，然後他們父子三個天天穿著，還要一起吃掉牠的肉，這樣他們三個就可以脫凡成仙，一旦王母娘娘來抓織女回去，他們爺兒三個才能夠趕快飛上天去追。

長久以來，老黃牛一直是牛郎最好的朋友，老黃牛還幫著牛郎成家，給了他幸福的家庭生活，如今忽然驚聞老黃牛就要死了，而且老黃牛還要他們剝牠的皮、吃牠的肉，牛郎真是傷心極了，難過得泣不成聲，不斷的哽咽道：「我怎麼忍心，我怎麼忍心啊……」

老黃牛卻再三強調，「你一定要照辦，聽我的話……」

說著說著，老黃牛就真的倒地死了。

老黃牛死後，牛郎按照老黃牛的指示，哭著剝下老黃牛的皮，做成大小三雙靴子，自己套上一雙，讓金哥和玉妹也都套上一雙，接著還一起吃了老黃牛的肉。

一家人緊張兮兮的等候著……

過了沒幾天，一天晚上，王母娘娘真的從天而降，身邊還跟著好幾個天兵天將。

王母娘娘瞪著織女，怒喝一聲：「快跟我回去！」

話音剛落，幾個天兵天將就立刻上前抓住織女，不管牛郎一家人是如何的苦苦哀求，他們還是鐵了心抓起織女就騰雲駕霧而去！

牛郎心急如焚，一手牽著金哥，一手牽著玉妹，便拔腳狂追。由於三人腳上都穿著神奇的靴子，追呀追呀，很快就追到了天上！

就在快要追上的時候，王母娘娘氣急敗壞的迅速拔下頭上的金簪，往腳下一劃——哇！夜空忽然出現了一條波濤洶湧的銀河！硬生生的把牛郎一家隔在河的兩端，牛郎和孩子在這一頭，織女在那一頭。

這麼一來，牛郎和孩子過不去了，只能隔著銀河望著織女，淚如雨下。織女無計可施，也只能不停的哭泣。

哭著哭著，這一家人就都變成了星星，分別是「牛郎星」、「織女星」、「金哥星」和「玉妹星」。

傳說，後來玉皇大帝很同情這一家人，就准許他們在每年七月初七這一天，踏著由滿天喜鵲所搭成的鵲橋，從銀河兩端走到中間相會。

故事24

女孩乞巧——七姑娘巧繡鵲橋圖

農曆七月初七，在很多地方，少女們還會有齋拜織女的習俗，甚至還會有一種「乞巧」的活動，譬如到了晚上，一群少女坐在月光下，手拿絲線，對著月光穿針，穿得過的就是「得巧」。（近視的姑娘就慘了。）

或是在這天中午，先在外頭放一盆水，等到過了一陣子，空氣中的灰塵落在水面上形成一層薄膜以後，再把一根針放在水面上，然後觀察水底的針影，如果是呈現出雲彩或是鳥獸的形狀，就是「得巧」。（真是超級牽強附會啊！）

關於七月初七齋拜織女，有這麼一個故事。

從前，在蘇州有一個老裁縫。老裁縫有七個女兒。雖然老裁縫很希望自己的女兒都能夠和自己一樣喜歡做針線活，將來可以繼承衣缽，然而在七個女兒裡頭，有六個女兒對針線活沒有什麼興趣，只有小女兒（也就是七姑娘）似乎天生就很喜歡碰針線，而且顯然很有這方面的天分，六歲就能拿針，七歲就能縫布邊，八歲就會裁剪，九歲就會刺繡。

在所有針線活中，七姑娘最喜歡的就是刺繡。而且，她不只是繡工好，還很有設計概念，別人刺繡都是按照現成的花樣來繡，七姑娘卻總是能發展出新的圖案。

在七姑娘十三歲那年，由於七姑娘的隨機應變，再加上特有的創新能力，及時為父親化解了一場危機。那天，老裁縫正在替一個財主的女兒縫製嫁衣時，熨斗裡的火炭星迸出來，不巧偏偏落在一塊布料上，布料上有一朵已繡好的牡丹，這麼一來，牡丹就毀了。望著布料上這個跟銅錢一般大的破洞，老裁縫真是懊惱極了，心想這下可要賠慘了！

就在這時，七姑娘走過來，捧起這塊布料仔細研究，想到了補救的辦法。

原來，被火炭星燙出來的破洞正好是在那朵牡丹的下方，七姑娘建議，不妨趕緊繡一片綠葉來遮住那個洞，這樣不就可以了嗎？

聽了七姑娘的想法，老裁縫一度繃緊的神經這才放鬆下來，直呼「妙呀，真是太妙了」。

後來，老裁縫把七姑娘繡好的綠葉縫上去以後，看起來果然是天衣無縫，就好像是那朵牡丹下本來就有一片綠葉似的。

經過這件事以後，大家就不再稱她「七姑娘」了，而是紛紛改口稱她為「巧姑娘」。

巧姑娘對刺繡的興趣愈來愈濃，一雙巧手也繡得愈來愈好。兩年以後，在方圓百里之內，巧姑娘在刺繡方面的才華已經是人盡皆知，不管是哪戶人家的姑娘要出嫁，都想請巧姑娘幫忙繡一條頭巾，或是在床帳上繡個花邊什麼的，好為自己的嫁妝增添一些光彩。而所有的工作，巧姑娘也總是完成得又快又好。

有一年，在七月初七的晚上，巧姑娘坐在家門口乘涼，望著天上的雲彩緩緩飄動，非常好看。過了一會兒，一群群喜鵲飛來，慢慢的連成一片，搭起了一座美麗的鵲橋。

巧姑娘想起今晚是牛郎織女一年一度相會的日子，在同情他們倆之餘，突然有了一個念頭。

「我要用一年的時間，來繡一座完美的鵲橋，然後在明年的今天，在『齋七巧』的時候獻給牛郎織女。」巧姑娘默默的想著。

「齋七巧」是當時的一項習俗，每到七月初七這一天，有女兒的人家都會在院子裡準備一個香案，上面放一些素果，再讓少女們自己也準備一樣東西，作為「巧物」，一起放在案桌上，然後說些吉利的話。少女們所準備的那樣「巧物」，都是有一些象徵意義的。

一轉眼，一年的時間很快就過去了，在這一年的時間裡，巧姑娘最重要的事就是完成自己發願繡製的《鵲橋圖》。

又到了七月初七，這天晚上，七姊妹約好要一起「齋七巧」。

大姊準備了毛筆，「我希望能夠長知識。」

二姊準備了算盤，「我希望能夠學會理財之道。」

三姊準備了曆書，「我希望能夠通智慧。」

四姊準備了很多「巧果」（就是各式各樣的油炸小點心），「我希望能夠一生都不會食物匱乏。」

五姊準備的東西很別緻，是從荷塘裡挖出來的嫩藕，並且還削去藕節，露出圓圓的藕孔。五姊說：「這象徵著『路路通達』，我希望一生都很順利。」

六姊準備的也是食物，是可口的蜜梨，「我希望一生甜蜜。」

輪到巧姑娘了。她笑咪咪的拿出剛剛完工不久的《鵲橋圖》，小心的把它攤開來。

大家一看到巧姑娘用金色的絲線繡出來的那一隻隻栩栩如生的喜鵲，眼睛都睜得大大的，紛紛讚不絕口：「哇，好漂亮啊！好美啊！」

過了一會兒，老裁縫才問這個能幹的小女兒：「妳準備了這麼美的東西，你要求什麼呢？」

巧姑娘微笑道：「我希望能夠活到老繡到老，而且繡得一天比一天好。」

大家聽了，都紛紛說：「沒問題的，妳的心願一定可以達成的！」

不久，「齋七巧」的活動結束了，家人都陸續回到房裡去休息了，只有巧姑娘仍然待在院子裡，想要再多看一會兒星星。

「再過一會兒，牛郎和織女就要相聚在一起了。」巧姑娘心想。

忽然，天空毫無徵兆的響起了幾聲悶雷，緊接著天邊颳起了一陣狂風，捲起了大片的烏雲，一下子就把銀河幾乎全部都遮住了。

「不好了，變天了。」巧姑娘很擔心。

擔心什麼呢？好心的她，擔心萬一雷霆大作，牛郎和織女碰不到一塊兒，那不是很讓人惋惜嗎？畢竟他們一年只能見一次啊。

所幸，烏雲很快就散去了，方才一度躲起來的星星們又紛紛露出頭來，位於銀河兩側的牛郎星和織女星在此刻看起來，更是十分耀眼。

巧姑娘心想，牛郎織女剛才一定也很擔心吧，幸好只是虛驚一場，現在只要等到喜鵲們一搭好鵲橋，他們就可以見面了。

可是，也不知道是怎麼回事，巧姑娘等了又等，就是沒看到喜鵲，連一隻也沒出現。

怎麼會這樣呢？巧姑娘很著急，懷疑是不是剛才的狂風以及巨大的雷聲把喜鵲們都嚇跑了？

「這可怎麼辦呢？」

巧姑娘又等了好一會兒，還是沒看到任何一隻喜鵲，這時，她再也坐不住了，馬上跑回屋裡，取出自己精心繡製的《鵲橋圖》，朝向天空張開，然後閉起眼睛虔誠的祭拜。

也不知道祭拜了多久，忽然，巧姑娘聽見了一陣陣嘈雜的聲音，有烏兒的叫聲，也有烏兒撲動翅膀的聲音。她趕緊睜開眼睛仔細一瞧……哎呀！在《鵲橋圖》裡，她一針一線所繡製出來的金色喜鵲，竟然都活了過來，並且很快就飛向天際，然後在銀河上空搭起了一座金光四射的鵲橋！真是美極了！

原來，這都是因為巧姑娘的刺繡巧奪天工，出神入化，再加上祭拜時是那樣的誠心，所以才會出現這樣的奇蹟！

巧姑娘好高興啊！看著位於銀河兩頭的牛郎和織女緩緩的靠近，不久終於依偎在一起，心裡真是快樂得不得了。

故事到這裡還沒完。就在這時，從天空傳來了一個溫柔的女性的聲音，想必是織女的聲音，輕輕的對巧姑娘說：「好心的巧姑娘，謝謝妳。為了感謝妳，我在妳家池塘裡放了三樣寶物，妳喜歡哪一個就儘管挑去吧。」

「真的嗎？」巧姑娘趕快跑到池塘一看，在池塘的水面上果真浮著三個金光閃閃的東西，分別是：一把金算盤，一枝金毛筆，還有一枚金針。

不用說，巧姑娘自然是選擇了金針。

她把金針拿回屋裡，拭掉水分，開始迫不及待的穿針引線，開始繡起花來。

巧姑娘很快就發現，這根織女送的禮物就是不一樣，不但使起來非常順手好用，針眼裡竟然還有用不完的彩線！

（這可真的是太方便了！）

從此，巧姑娘更是整天繡個不停。傳說後來蘇州的刺繡之所以會那麼有名，就是巧姑娘所傳下來的手藝。而自從巧姑娘無意間獲得寶物以後，村裡的姑娘每逢七月初七，也都更熱中於齋拜織女，希望也能夠交上好運，得到什麼寶物，久而久之，大家就把這個齋拜織女的儀式稱之為「乞巧」。

故事25

男孩乞智——魁星成為考生保護神

牛郎織女，男人耕田女人織布，這是傳統「男主外、女主內」的生活方式。以今天的概念來看，這當然是一種關於兩性之間刻板的印象，但是像這樣的分工合作，不可否認的，確實也對保持家庭的穩定、進而保持社會的穩定，產生了一定的意義。

在七夕這天晚上，當女孩子們在「乞巧」的時候，男孩子們也沒閒著，他們也要向上天「乞」個東西。

在這裡我們要先說一下，看到「乞」這個字，或許因為很容易聯想到「乞丐」，因而會讓人產生不舒服的感覺。但實際上「乞」這個字原本就只是單純「求」的意思，古人想要向上天求什麼，所表現出來的其實是面對大自然的一種謙卑的心態。

男孩子們要「乞」什麼呢？答案是「乞智」。在七月初七這天晚上，還有一個象徵著「乞智」的習俗，那就是「祭魁星」。

魁星就是二十八個星宿中的「奎星」，也就是俗稱的「魁鬥星」，是北斗七星中的第一顆星，所以「第一名」也會被稱為「魁首」。傳說七月初七這一天是魁星的生日，凡是有心求取功名的人都要在這一天誠心祭拜魁星，求他保佑自己考運亨通，在接下來的考試中一舉奪魁。

至於這位魁星從前還在凡間的時候，到底是一個什麼樣的人呢？民間傳說中有兩種截然不同的版本。第一種說法，形容魁星生前的長相十分抱歉，滿臉斑點，還有點兒殘疾，是一個跛腳，但是由於資質不錯，又一心發憤苦讀，後來終於可以金榜題名；第二種說法則是說，魁星生前一直是一個考場失意的人，儘管有滿肚子的學問，卻總是每考必敗，在灰心喪氣之餘竟然投河自盡，沒想到沒有死成，被鰲（ㄠˊ）魚救了起來，後來甚至還升天做了魁星。

故事26 目蓮救母

每年農曆正月十五被稱為「上元」，是人間的元宵節。「中元」則是由「上元」而來，就是每年的農曆七月十五。「中元」這一天是「鬼節」，整個農曆七月都是「鬼月」。

每逢鬼節這一天，大家就像過元宵節一樣，也會張燈結綵，只不過因為人鬼有別，人是「陽」，鬼是「陰」，再加上陸地是「陽」，水為「陰」，所以，長久以來，大家過元宵節的時候，是在陸地上張燈，過中元節的時候則是在水裡張燈。

中元節又稱為「七月半」，或是「盂（ㄩˊ）蘭盆節」。這原本是印度的一種佛教儀式，佛教徒為追念祖先經常會舉行「盂蘭盆會」，由於佛經中的《盂蘭盆經》要人孝順父母，和中國傳統儒家觀念十分契合，因此非常普及。

中元節最有代表性的故事〈目蓮救母〉，就是一個強調孝道的故事。

目蓮是一個從小就很有佛緣的孩子（有的版本說目蓮是一個印度人），傳說在他還很小的時候，一看到佛祖的畫像，就說自己見過畫中的和尚。

每當一看到有和尚來家裡化緣，目蓮總是馬上就跑出去，把食物甚至是銀子送給這些雲遊四方的和尚。為了這個緣故，目蓮受了母親不少的責罵，因為母親很不高興看到目蓮對這些出家人這麼大方。目蓮是一個孝順的孩子，受到母親的責罵，雖然心裡有些委屈，對母親也有些意見，但是他從來不曾有過一絲一毫的表露，只是悶在自己的心裡。

幸好父親是支持他的。父親認為目蓮小小年紀，就已經能夠表現得這麼有善心，這總是一件好事。

當目蓮漸漸長大，一心向佛的心意愈來愈堅定。終於有一天，他辭別了父母，出家當了和尚。

這樣一晃就過了很多年。直到目蓮再度返家的時候，發現母親已經早就去世，目蓮的心裡真是難過極了。難過之餘，目蓮的心裡也非常掛念，不知道母親此時在另外一個世界過得怎麼樣？

有一天，當目蓮又在懷念母親的時候，恍恍惚惚之間，彷彿見到佛祖一臉慈祥的在對自己說話：「目蓮啊目蓮，不要難過了，因為你的心地善良，一心修道，其實早就有了善果，你是修得我們佛門神通的第一人。」

什麼是「佛門神通」呢？佛祖進一步向目蓮解釋，就是他已經擁有了「神通眼」，能夠用這個神通眼看到死去的母親。

目蓮一聽，大喜過望，立刻坐在一棵大樹下，開始專心致志的冥想。想著想著，目蓮感覺到自己的身子輕飄飄的，彷彿是魂魄離開了肉身，就這麼飄呀飄呀，不一會兒，由於強烈的心繫著母親，目蓮竟然來到了地獄。接下來，目蓮自然是用自己的神通眼拚命的尋找，找遍了陰間所有的地獄，最後才終於見到了死去的母親，然而，目蓮所見到的景象卻著實令他心碎。

原來，母親正在地獄裡挨餓……

目蓮很想為母親送食物過去，但是不斷的有各式各樣的妖魔鬼怪擋住了他的去路，不讓他接近母親。後來，目蓮好不容易把一缽飯送到了母親的面前，母親才正要把飯塞進嘴裡，哪知道那一口飯一碰到母親的嘴巴，就立刻變成炙熱的火焰。到頭來目蓮的母親就是吃不到任何東西。

目蓮真是難過極了，只得轉身回到人間，然後跑去問佛祖：「我的母親究竟犯了多大的過錯，以至於死後要受到這樣的折磨？」

佛祖說：「你的母親缺乏善念，所以死後才會受到這樣的懲罰。」

目蓮想到小時候母親總是責怪自己不該對出家人布施，一時無言以對，過了半晌才又流著淚問道：「難道……母親真的就這麼萬劫不復了嗎？」

佛祖其實也很同情目蓮，就對他說：「你是一個很有孝心的人，想要解救你的母親，有一個辦法。」

佛祖告訴目蓮，要準備一個盂蘭盆，裡頭放一些素果，以此來供佛，這麼一來，他在地獄中的母親就能吃到東西。目蓮趕緊照辦，而這個辦法果真立竿見影，立刻奏效。

這一天剛巧是農曆七月十五。從此，大家就沿習這樣的做法，每到中元這一天，就準備許多豐富的素果來祭祀。不過，經過幾代相沿，民間逐漸都只祭拜祖先而沒有供奉佛祖，後來又在超渡祖先的同時，也擴而廣之的祭拜所有無主的孤魂，表現出一種難得的仁愛之心。

故事27 吳剛——好色被罰砍桂樹

在中國民間傳說故事之中，很多人都想跟仙人學藝，不過沒有幾個能夠學有所成，相傳有一個名叫吳剛的人，直到今天都還沒有辦法學成。

吳剛是一個有點兒吊兒郎當的年輕人，他不喜歡讀書，不喜歡種田，幾乎對什麼事都沒有興趣，唯獨想要學成仙之道。因為在吳剛的想像中，仙人不僅自由自在，還要什麼就有什麼，日子一定是過得舒服透了。主意打定，吳剛就真的離家出門去找神仙。

好不容易，他找到了太上老君，而且幸運的是，太上老君也答應收留他。照說這應該是一個千載難逢的大好機會，但是吳剛卻不改散漫的本性，這使得太上老君很不高興。

吳剛隨太上老君修練的地方，離嫦娥姑娘所住的廣寒宮不遠。嫦娥姑娘一個人住在廣寒宮，非常寂寞，想到從前還沒有升天之前和夫君后羿在一起的日子，更是悶悶不樂，鬱鬱寡歡，於是經常唱歌跳舞來解悶兒。每當聽到嫦娥姑娘悅耳動聽的歌聲傳來，吳剛總是心不在焉伸長了脖子東看西看，想要偷看嫦娥姑娘曼妙的舞姿。

有一天，太上老君很生氣的斥責吳剛道：「你不是想要學做神仙嗎？像你這種漫不經心的樣子，怎麼可能學得了？」

吳剛嬉皮笑臉的說：「哎呀，都怪嫦娥姑娘的歌聲實在是太美了呀，讓人實在很難專心哪！」

「是嗎？」太上老君忽然心生一計，「想成仙首先就必須練到專心一致，心無雜念，這樣吧，在廣寒宮前面有一棵桂樹，你去把它砍倒，只要能夠把它砍倒，你就可以做到心無雜念，同時也就差不多可以成仙了。」

吳剛聽了，心想，砍倒一棵樹差不多就可以成仙了？那有什麼問題！於是馬上應道：「好的，那我現在就去！」

在他心裡其實是這麼想的，師父要自己去砍倒廣寒宮前面的桂樹，那裡離嫦娥姑娘不是更近了嗎？這可真是太棒啦！

吳剛興致勃勃的扛著太上老君給他的斧頭，很快便來到廣寒宮前，並且一眼就看到了那棵桂樹。這棵桂樹看起來普普通通，吳剛盤算著應該很快就可以把它砍倒。沒想到，就在吳剛一斧砍下去，再把斧頭拔出來的時候，不可思議的事情發生了！剛才砍在樹幹上的傷口，竟然立刻神奇的癒合了，就好像從來不曾被砍過似的。

吳剛大吃一驚，愣了一下，連忙揮著斧頭再砍——結果，還是一樣！

就這樣，吳剛每砍一下，只要斧頭從樹幹裡一拔出來，樹幹的傷口就立刻恢復原狀、毫髮無傷！

據說，可憐的吳剛到現在還在廣寒宮前，拚命的砍那棵怎麼也砍不倒的桂樹哪。

有一句俗語，叫作「吳剛砍桂樹——沒完沒了」，就是從這個故事來的。

故事28

嫦娥——私吞長生不老仙藥

一提到中秋節，大家第一個想到的可能不是吳剛，往往是嫦娥。〈嫦娥奔月〉是大家都非常熟悉的故事，不過，這個故事卻至少有兩種完全截然不同的版本。

現在我們就先來看看第一個版本。在這個版本中，故事一開始，嫦娥就已經是有夫之婦，她的丈夫就是鼎鼎大名的射日英雄后羿，而且他們夫妻倆並不是凡間普通的夫婦，兩人都來自天上，是神界中的人物。

相傳在很久很久以前，天上有十個太陽，他們全是「東方上帝」帝俊和妻子羲和的孩子。這十個太陽一年到頭都待在東方海外一個叫作「暘（ㄧㄤˊ）谷」的地方。「暘」這個字，按字面上的解釋就是「日出」和「天晴」的意思，傳說暘谷裡終年都是滾燙無比的海水，而在沸騰的海水中央，有一棵巨大的樹，十個太陽就住在這棵樹上，他們總是九個住在大樹比較上面的枝條，一個住在比較下面的枝條，這樣方便媽媽羲和每天送一個孩子去上班。（這似乎暗示著十個太陽是「十胞胎」，長得很像，所以輪到要去上班的那個太陽得待在和兄弟們不同的枝條上，以免媽媽接錯。）

羲和是一個慈愛的母親，她非常有規律的每天送一個太陽兒子去上班，自己則永不休息。而且羲和不是徒步送兒子去上班，她是有車階級，說起她的車，那可真是氣派得不得了，居然是由六條龍所拉的。

這部龍車每天行走的路線都是固定的。羲和每天都會在固定的時間把龍車開到一個叫作「悲泉」的地方，然後停下車，留一小段路讓太陽兒子自己去走。當兒子獨自前行的時候，羲和就在兒子的身後一直默默的注視，直到看到兒子緩緩走進西方的「蒙谷」，她才又駕著空車穿過夜空回到東方的暘谷，準備接另外一個太陽兒子去上班。

日子就這麼周而復始的過了一天又一天，十個太陽輪流為人間百姓服務。

或許是日子過得實在是太沒變化了，有一天，十個太陽不幹了，他們居然心血來潮一股腦兒的全部一起衝到了人間。

想想看，十個太陽高掛天空，那會是一種什麼樣的景象？不僅農作物全部都被烤焦了，人和動物也被晒死了一大半，連原本看起來浩瀚無垠的海水，也被烈日晒得似乎都快要蒸發乾了……唉，才短短一會兒的功夫，人間百姓就被這十個頑皮的太陽給害慘了！

愛民如子的堯，眼看百姓受苦，心急如焚，日日夜夜都虔誠的向上天祈禱，希望這場災難能夠趕快結束。堯的祈禱很快就傳到了帝俊的耳朵裡。帝俊也覺得十個太陽兒子實在是太任性了，便把他們好好的數落了一頓，要他們趕快恢復正常，還要他們回到暘谷去反省。

但是，這個時候十個太陽早就玩瘋了，居然聯合起來反抗父親，說不回去就不回去，他們就是要一起待在天上！

漸漸的，神界裡同情人間百姓的聲音愈來愈大，在輿論的壓力之下，帝俊沒辦法偏袒兒子，為了解決問題，帝俊只得痛下殺手，派一個善於射箭的天神下凡。這個天神就是后羿。后羿就像人間將領總要帶個女人一起出征一樣（譬如西楚霸王項羽不是就帶著虞姬嗎？），接到命令以後，后羿也帶著妻子嫦娥一起下凡。嫦娥就這樣隨著丈夫來到人間。

也不知道是不是最初的溝通有問題，或者當后羿來到人間，看到十個太陽是如何肆虐之後非常生氣，以至於下手太重，總之，帝俊原本只是想要后羿給自己這些頑皮的太陽一點教訓就好，沒想到后羿竟然把十個太陽幾乎全殺光了。

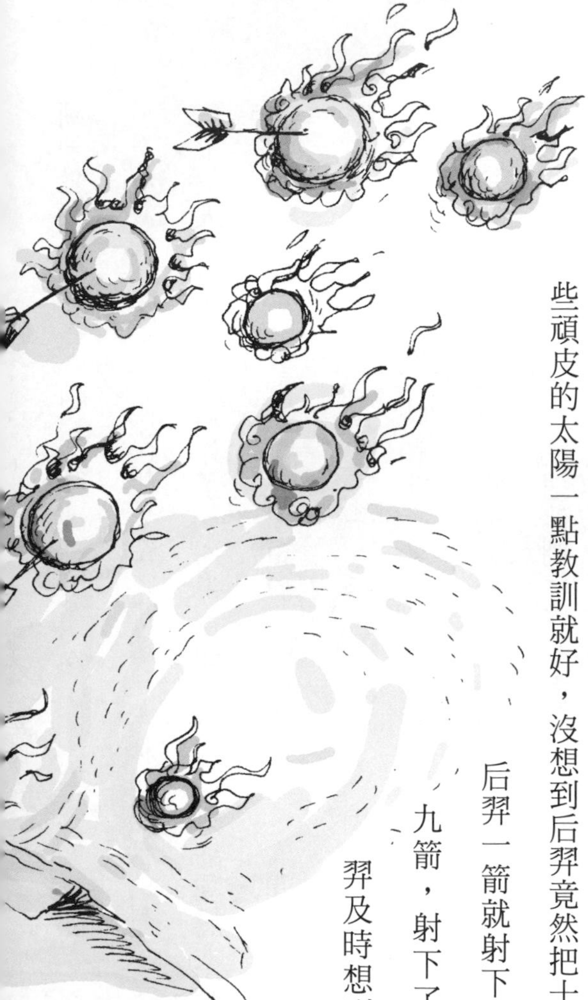

后羿一箭就射下一個太陽，一口氣連發九箭，射下了九個太陽。要不是后羿及時想到人間畢竟不能沒有太陽，恐怕也會把第十個太陽射下來。

這麼慘烈的結果讓帝俊大發雷霆，

非常震怒，當下就做出一個決定——開除后羿和嫦娥的「神籍」，把他們雙雙貶為凡人，從此只能待在地面上，再也不能回到天上去了！

對於如此嚴重的處罰，嫦娥十分傷心，而后羿也因為連累了妻子而感到非常內疚。為了彌補妻子，后羿就跑到崑崙山去找西王母，想要找西王母幫忙。西王母有長生不老的仙藥，后羿心想，就算不能重返天庭，但是如果能夠長生不老，對於美麗的妻子應該還算是有些安慰吧。

西王母在得知后羿夫妻倆的遭遇之後，也很同情他們，願意把仙藥給他們。問題是，這些仙藥也不多了，在把仙藥交給后羿的時候，西王母告訴后羿：「這些藥你要小心保管，如果是一個人，可以升天成仙，兩個人吃，可以長生不老。」

后羿謝過了西王母，帶著仙藥高高興興的回家，把仙藥交給妻子，兩人約好要挑一天一起服下。

沒想到，嫦娥一聽這些仙藥如果是一個人吃可以升天成仙，頓時就起了私心。一天晚上，趁著后羿不在，嫦娥就一個人把仙藥全部都吃了。

果然，她的身子很快就變得輕飄飄的，然後就飛了起來。再度能夠飛在空中，嫦娥的內心真是無比的激動，正好看到一輪明月高掛天空，嫦娥沒有多想，就朝著月宮飛了過去……

從此，嫦娥就獨自住在月宮裡了。

故事29 賞月——后羿感傷憶嫦娥

在〈嫦娥奔月〉的另一個版本中，后羿和嫦娥似乎只是凡人，並不是天神；而且后羿為民除害的時候，他還是一個單身漢。同時，在這個版本中，還有一個壞蛋，他的名字叫作逢蒙。

相傳在遠古時期，后羿因為射死了天上多餘的九個太陽，為老百姓解除了嚴重的旱災，成了老百姓心目中的大英雄，受到老百姓普遍的尊敬和愛戴。後來，后羿娶了一個美麗的妻子，名叫嫦娥，兩人過著相當恩愛的生活。

許多人都非常景仰后羿高超的射藝，紛紛慕名前來拜師學藝，其中有一個人叫作逢蒙，也成為后羿的弟子。

有一天，后羿到崑崙山訪友求道的時候，巧遇正好打這兒經過的西王母，向西王母求得了一包長生不老的仙藥。（在這個故事中，原來仙藥不是「不夠」，只是西王母帶在身上的並不多，不過並沒有交代后羿為什麼會有求仙藥的念頭。）西王母告訴后羿，只要服下這個仙藥，立刻就可以升天成仙。但是，后羿想到嫦娥，就猶豫了，最終他因為捨不下嫦娥，便把仙藥帶回家，交給嫦娥先珍藏起來。嫦娥就把仙藥放進梳妝台上的百寶匣裡。

過了一陣子，「師父有一包仙藥交給師母保管」這件事情，不知道怎麼搞的被逢蒙知道了，逢蒙立刻起了壞心眼，想要把仙藥據為己有。

有一天，后羿帶著弟子們外出打獵，磨練射藝，逢蒙藉口自己身體不舒服沒有跟去。等到后羿等人都走了以後，逢蒙趁著家裡全是女人，不堪一擊，便提著寶劍衝進老師的住屋裡，威脅著師母，要師母把仙藥給交出來。嫦娥自知肯定抵擋不了逢蒙，但是又不甘心仙藥就這樣被逢蒙奪去，乾脆一轉身，拿出仙藥一口就吞了！

這個仙藥果然是威力無窮，嫦娥才剛剛服下，身子立刻就飄了起來，然後就飛了出去。

她本來可以飛得很遠很遠，但是因為牽掛著后羿，於是飛到距離人間最近的月亮上就停了下來。

到了傍晚，后羿返家，聽女僕們講述了白天家裡所發生的事，大吃一驚，恨不得立刻找逢蒙算帳！然而，那個可惡的逢蒙早就已經溜得無影無蹤了。

后羿仰天長嘆，悲呼嫦娥的名字。就在這時，他驚奇的發現，這天晚上的月亮似乎特別的明亮，而且月亮上還有一個熟悉的身影，看起來很像嫦娥。於是，后羿就開始拔腳狂追，拚命的追著月亮。

然而，此刻嫦娥已經成仙了，基於人仙有別，不管后羿是如何的勇猛，跑得又有多麼快，始終就是追不上月亮，甚至每當他向前追了三步，月亮好像就立刻後退三步。

后羿無可奈何，在難解思念妻子之情的情況下，后羿從此就經常在後花園裡擺上香案，上面再放一些嫦娥平日喜歡的鮮果，滿心惆悵的望著月亮遙祭嫦娥。

據說在中秋節賞月、拜月，也就慢慢變成了一項重要的民俗。

故事30

月餅——明朝推翻元朝的紀念品

中秋佳節，在賞月的時候少不得要吃吃月餅。月餅可以說是中秋節最應景的一種食物，它的重要性就好像餃子之於春節，以及粽子之於端午節一樣。

中秋節吃月餅的習俗，要比賞月的習俗晚很多，相傳是從明朝初年才開始的，「月餅」這個名詞據說還是明太祖朱元璋所定下的，距今不過才六百多年。

吃餅本來並不稀奇，但是在元朝末年，當漢人想要起義推翻元朝的時候，由於元軍的搜捕十分嚴密，起義軍之間想要傳遞消息十分困難，後來朱元璋的軍師劉伯溫就想出一個辦法，命人做了很多很多的圓餅，每個圓餅裡頭再塞進一張字條，上面寫著「八月十五夜起義」，然後再讓人把這些圓餅送給各方的起義軍，以這樣的方式成功的達到了祕密串連的目的，終於在八月十五這天晚上大家一起動手，並且獲得了勝利。

朱元璋非常高興，據說，為了紀念起義成功，就下令今後在每年的八月十五，都要軍民同樂，並且將擔負傳遞情報這項重責大任的圓餅定名為「月餅」，還將月餅作為節令糕點賞賜群臣。從此以後，中秋吃月餅的習俗就在民間流傳開來。

故事31

青龍寶劍激戰瘟魔

農曆九月初九，是傳統的重陽節。自古漢人都把「九」視為「陽數」，是一個很吉利的數字，而「九月初九」重複兩個「九」，所以叫作「重陽」，這自然是一個值得慶賀的日子。

古人是從什麼時候開始過這個節日的？據說最早可以回溯到西漢初年，距今已經超過兩千年了。但是關於重陽節起源的民間傳說，卻要到東漢才逐漸形成。（漢朝一共四百多年，中間穿插了一個為時僅十七年的新朝。新朝的建立者為王莽。從漢高祖劉邦至王莽代漢自立為止，史稱西漢；在西元25年，新朝覆滅，史稱東漢。）

相傳在東漢時代，汝南縣來了一個瘟魔，所到之處都發生了可怕的瘟疫。有一個人，名叫桓景，因為父母都是因瘟魔肆虐而死，悲痛之餘，決心要到終南山尋找仙人拜師學藝，斬除瘟魔。

終南山有一個仙人，名叫費長房，很同情桓景，不僅答應收他為徒，還送他一把專門降妖用的青龍寶劍。從此，桓景每天起早貪黑，拚命苦練，希望有一天學成之後能夠下山為民除害。

這樣過了好一段時間，有一天，費長房告訴桓景：「我已經算過了，九月初九那一天，瘟魔又會來作亂，你趕快回去除害吧！」

「九月初九？那不是馬上就要到了嗎？我的功力能夠對付瘟魔了嗎？」桓景有些擔心。

「放心吧，只要你聽我的吩咐，肯定沒問題。」

說罷，費長房給了桓景一包茱萸（ㄩˊ）葉子，還有一瓶菊花酒，還反覆叮嚀桓景，到時候一定要帶家鄉父老登高避禍。

桓景仔細記住了師父的吩咐，帶著師父所送的東西，就從終南山匆匆趕回家鄉。

到了九月初九那一天，桓景按照師父費長房的交代，先帶著家人，再領著鄉親父老一起登上附近一座高山，然後把茱萸葉分給大家，讓大家隨身戴上，這樣瘟魔就不敢近身；再把菊花酒倒出來，給每個人喝上一口，這樣就能讓大家避免染上瘟疫。

才剛安頓好家人以及鄉親父老，瘟魔就來了，桓景提起青龍寶劍就勇敢的上前迎敵，經過一番激戰以後，終於把瘟魔給殺了。

從此，在汝河兩岸就流傳著每逢九月初九就要登高，並且還要插茱萸以及喝菊花酒來避邪的習俗。

故事32

儒家教主孔子的理想國

教師節在九月二十八日，這一天是「至聖先師」孔子的誕辰紀念日。

孔子，名丘，字仲尼，是春秋晚期魯國人。雖然是生活在兩千多年以前，可是他所提出來的很多教育理念，譬如「有教無類」、「因材施教」，今天看來仍然是非常進步的，而且要能夠真正做到還真不容易。

孔子出身於沒落的貴族家庭，兩歲喪父，少年時期母親也過世了。雖然缺乏家庭的庇護，生活相當辛苦，但是他從小聰敏好學，又很能幹，還是漸漸走出了自己的路。他青年時期做過「委吏」和「乘田吏」等小官，所從事的都是非常繁瑣的行政工作，一般人很難做得理想，但是他卻都做得很出色。如果他是一個喜歡混跡官場的人，大可就此做下去，不難往上爬，但是孔子是一個有理想、有抱負，同時也很有原則的人，他因為感覺到為政者不重視周禮，心裡很不痛快，所以後來就辭官不幹了。

當人們開始稱他為「孔子」的時候，其實他還年輕得很。「孔子」這個名號到底是怎麼叫開的呢？這是緣於在他十八歲那年（西元前533年），魯昭公召見他，言談中非常客氣的稱他為「夫子」，從此，魯國上下就都尊稱他為「孔子」了。

孔子是中國歷史上最早創立私學的人之一。在他三十歲那年，就開始正式收徒講學，興辦平民教育，「六經」、「六藝」是主要的教學內容。

在魯定公九年（西元前501年），五十歲的孔子開始從政，被任命為中都宰，實踐了「學而優則仕」的理念。在接下來的一年之內，孔子做了很多事，比方說，懲辦奸商，整頓陋俗，掘井興商富民，私訪吏情等等，由於表現得非常好，翌年，就升任司空，負責管理國家建築的重任。不久，又升任大司寇。

孔子的政績卓著，但是，後來由於魯定公荒廢政事，孔子感到難以盡到輔佐國君的責任，便決定離開魯國。在西元前四九七年，五十四歲的孔子開始率弟子周遊列國，尋找能夠施展自己政治抱負的機會。他們到過宋國、衛國、陳國、蔡國、齊國、楚國等國，在長達十四年的時間裡，一共遊說過七十二個執政者，但是都不見重用。

主要是因為孔子的政治理想（以「禮」為治，希望能達到「仁」的境界，也就是「克己復禮，天下歸仁」），總是被認為不合時宜，因此，儘管孔子保證只要用他來治理國家，一年就可以有明顯的成就（以他在魯國從政的表現，這麼說應該並不算吹牛）。但是，各國國君還是不相信，自然也就沒有興趣。當時，各國國君都希望能夠有一套速成的辦法，讓國家能夠在最短的時間之內就強大起來。

西元前四八四年，季康子派人迎接孔子回國。這個時候，孔子已經六十七歲了。回到魯國之後，魯國不可能再重用孔子，孔子對政治也深感厭倦，因而把重心轉到文化工作，率領弟子蒐集整理古代文獻，保存了春秋以前的重要文化遺產，編纂了

《易》、《書》、《禮》、《樂》、《詩》、《春秋》等著作。在編纂的時候，孔子明確要求弟子「述而不作」，就是說務必要保留文獻原有的文辭，同時，不涉及怪力亂神之事。他的工作態度非常嚴謹，比方說，在編纂《詩經》的時候，孔子是一篇一篇的研讀，並不斷徵求弟子的意見，大家反覆討論，最後才選定三百零五首詩，分為「風」、「雅」、「頌」三個部分。

孔子修《春秋》，上自魯隱公，下至當時的魯哀公，一共十二個國君，兩百四十二年的歷史。這也開創了私人修史的先例，在中國歷史上也是一項開創性的功績。

回到魯國之後僅僅過了五、六年，孔子便與世長辭（西元前479年）。在他過世以後，弟子將他的語錄編輯成書，這就是我們現在都很熟悉的《論語》。這是研究孔子和他學說最重要的資料。

孔子對後世的影響是難以估計的。他不但是教育家，更是思想家，是儒家學派的創始人。相傳孔子的弟子三千，精通「六藝」者七十二人，這就是後人所說的

「七十二賢人」。在孔子離開人世以後兩百多年（西元前213年），儒家雖然遭遇秦始皇「焚書坑儒」的浩劫，但是因為孔子的徒眾遍天下，民間保藏《詩》、《書》典籍很多，儒家思想不可能被消滅。「焚書坑儒」事件發生之後又過了七十幾年（西元前140年），漢武帝接受了董仲舒「罷黜百家，獨尊儒術」的建議，儒家學說逐漸成為「正統」，也就是說成為統治階層的主流思想，影響極為深遠。

故事33

封建王朝終結紀念日

國曆十月十號「雙十節」是我們的國慶日。我們的國父孫文先生（西元1866-1925年）是廣東香山縣（今廣東中山縣）翠亨村人。

西元一八九四年夏天，甲午戰爭爆發時，當時二十八歲的孫文懷抱著滿腔熱忱上書李鴻章失敗以後，大概是很快就發覺清朝已經無可救藥，所以不像康有為上書光緒皇帝那樣一再上書，而是毅然決定改走另外一條道路。於是他前往檀香山，組織了

「興中會」，號召人民「振興中華」。

接下來的十年之間，孫文和革命戰友發動過兩次武裝起義，但是都失敗了。不過孫文也從失敗中總結出一些寶貴的經驗教訓，更進一步發展自己的綱領，這就是後來的「三民主義」。西元一八九七年時，孫文在日本進行革命行動時曾化名為「中山樵」，「孫中山」的名字由此而來。

西元一九〇二至一九〇五年，孫中山做了一次環球旅行，致力在各地宣傳革命思想，組織革命團體，不斷擴大革命的影響力。年近四十的孫中山，似乎已成為公認的革命領袖。

西元一九〇五年夏天，孫中山前往日本東京，這裡是中國留學生集中之地，和留日革命團體的領導人黃興、宋教仁等人會面，商議要建立一個統一的革命政黨。七月，七十幾個來自各省的革命志士一起在東京參加政黨籌備會議，最後定名為「中國同盟會」，簡稱「同盟會」，大會還通過孫中山所提出的「驅除韃虜、恢復中華，創立民國，平均地權」十六字為政治綱領。同盟會的成立，是中國近代史上一件不得了的大事。

同年十一月，同盟會在東京創辦《民報》。孫中山在創刊號上發表〈發刊詞〉，把同盟會十六字綱領闡述為民族、民權和民生三大主義，簡稱為「三民主義」。

國父的革命之路走起來非常艱辛，起義相繼失敗，但仍然不斷擴大革命的影響，鼓舞了更多人投身於推翻滿清王朝的戰鬥之中。

終於，在西元一九一一年十月十日晚上，在湖北省武昌縣內熊秉坤的率領下首先發難，打響了武昌起義的第一槍。經過一夜激戰，革命終於成功了！隨後革命軍又占領了漢陽和漢口，連同武昌，一口氣把武漢三鎮統統拿下。「十月十日」也因此成為我們中華民國的國慶日。

同年十二月底，孫文被推舉為臨時大總統。西元一九一二年一月一日，孫中山宣誓就職。中華民國臨時政府成立，以西元一九一二年為民國元年。

同年二月十二日，清朝的宣統皇帝溥儀被迫宣布退位，不僅表示大清王朝的結束，更代表中國兩千多年來的封建王朝終於結束。

故事34

祭祖求神的臘八粥

每年歲末最後一個月，也就是農曆十二月，稱為「臘月」。在臘月裡有一個重要的節日就是十二月初八，稱為「臘日」，這一天又俗稱為「臘月節」。

臘月節的歷史相當悠久，相傳從先秦時代就開始了。那是距今兩千多年的事了，老百姓在這一天都會祭祀祖先和神靈，祈求來年豐收和吉祥。

也有人說，因為釋迦牟尼佛的成道之日也是在十二月初八，因此臘八也是佛教徒的節日，稱作「佛成道節」。

在臘月節這一天，最普遍的活動就是吃臘八粥。這個習俗相傳是從宋代開始的，也就是距今一千多年以前。臘八粥也叫作「七寶五味粥」。每逢臘月節這一天，無論是王宮貴族、市井小民或是寺院裡的僧人，都要做臘八粥，做好以後，要先以此來敬神祭祖，然後餽贈親朋好友，如果把粥送給窮苦的人吃，還能為自己積德。臘八粥一定要在中午以前送出去，最後才是全家一起享用。臘八粥不會吃完，意味著「年年有餘」，是一個好兆頭。

故事35

朱元璋洗劫老鼠洞

第二種關於臘八粥的故事，是說相傳臘八粥是明朝開國皇帝朱元璋所發明的。這麼一來，臘八粥的歷史就大幅縮短，只有六百多年了。

朱元璋是中國歷史上第二個平民皇帝。第一個是漢朝開國皇帝劉邦。關於朱元璋如何「發明」臘八粥的由來，是一個頗具童話色彩的故事。

這個故事是說，朱元璋在小的時候，家裡很窮，父母就把他送到財主家去放牛。由於財主為人相當刻薄，再加上朱元璋又著實調皮，因此在做放牛娃的那段歲月，朱元璋遭受的責罰沒少過。

有一次，財主責怪朱元璋不小心，害一頭老水牛絆了一跤，摔傷了腳，就把朱元璋關在一間屋子裡，不給他東西吃。朱元璋就這樣餓了三天三夜，實在是餓得不行了，就在屋子裡到處找東西吃。找著找著，無意間他看到了一個老鼠洞，朱元璋心想，老鼠有囤糧的習慣，老鼠洞裡頭應該會有吃的東西吧？想到這裡，他就伸手拚命的挖，挖呀挖呀，乖乖！這個老鼠洞裡頭的食物還真不少，有大米、玉米、紅豆、綠豆、紅棗、珍珠米……簡直是什麼都有，只是每一種都只有一點點，於是，朱元璋乾脆就把這些食物統統都收集起來（也就是把老鼠洞洗劫一空！），然後混在一起煮了一鍋粥，吃起來感覺風味相當不錯。

日後，朱元璋做了皇帝，每一天、每一餐都是山珍海味、大魚大肉，吃著吃著，再怎麼好吃終於也吃膩了。有一天，他忽然想起小時候曾經吃過的那一頓美味佳肴，非常懷念，就傳令下去，叫御廚把一些雜七雜八的糧食混在一起煮成一鍋粥。因為這天正好是臘月初八，於是後來大家就

把這道粥叫作「臘八粥」。

文武百官看皇上吃這種粥，就有樣學樣也跟著吃，然後這道粥的做法又慢慢的流傳到民間，最後只要每年一到臘八，家家戶戶就會煮這種臘八粥，含有要大家愛惜糧食的意涵。

故事36

火頭僧人急中生智變出粥

關於臘八粥的由來，還有一個版本。在這個版本中，「發明」臘八粥的是一個寺廟裡的火頭僧。所謂「火頭僧」，就是專門在廚房裡負責燒飯的僧人。

蘇州西園寺是一個香火鼎盛的地方。話說在很久以前，寺裡有一個火頭僧，不僅平日做事勤勤懇懇、盡心盡力，還非常愛惜糧食，只要看到覺得還可以再煮再吃的零星豆類或是穀物，一定把它們撿起來，處理乾淨之後再收好。就這樣不知不覺積攢了一大袋的東西。

有一年，在臘八這一天，來到寺裡燒香拜佛的人特別多，西園寺裡幾乎所有的僧人都在忙著念經以及接待施主。火頭僧眼看到了該準備中餐的時間，管穀倉的僧人卻遲遲還沒有把糧食拿給他，急得他團團轉，就在他不知道該如何是好的時候，他想到自己平日所積攢下來的那一袋糧食，便靈機一動，把這些糧食煮成了一大鍋粥，再加上一點糖水，攪拌均勻以後端了出去。

原本這只是火頭僧在沒有辦法的情況之下臨時應急之作，沒想到大家吃了以後都覺得滿好吃的。當師父知道這頓飯的來歷之後，對於火頭僧的隨機應變，還有平日對於糧食的愛惜，更是非常讚賞。

因為這天正好是臘八，於是大家就把這個粥稱作「臘八粥」。後來，老百姓們也都慢慢養成了一個習慣，每年一到臘八就一定會吃一頓臘八粥。

冬至

故事37

九九消寒圖——春天的腳步近了

冬至，是中國農曆二十四節氣之一，也是中國人的一個傳統節日。這個節氣，歷史悠久，據說在春秋時代就有了。

「至」有「極點」、「頂點」的意思，對於生活在北半球的人們來說，冬至這一天是白晝最短的一天，通常是在農曆十二月二十一至二十三日。在冬至之後，白天的時間就一天比一天長。

有一首民間歌謠，生動有趣的描述了冬至開始的天氣變化規律：

一九二九，
伸不出手；
三九四九，
凍死貓狗；
五九六九，
隔河看柳；
七九河開；
八九雁來；
九九寒盡，
春暖花開。

（所謂「隔河看柳」，是指柳樹開始發芽。「七九河開」則是指河裡的冰開始融化。）

在冬至這一天，傳統上有「賀冬」的習俗。一早起來，無論大人或是孩子，一個個都盡可能的衣著華麗，互相往來拜訪，甚至還相互慶賀。既表達了對於寒冬即將過去的欣慰，也表達了對於春天即將到來的美好期望。

按古書上的記載，在冬至這一天，皇帝還要跟大臣一起欣賞音樂長達五天，一般老百姓的家裡也經常會聽到樂器演奏的聲音。此外，皇帝還會在冬至這一天，一方面舉行隆重的祭天活動，一方面還要把精通曆法的專家請來核對曆法。

古代沒有氣象預報，不過沒有關係，民間有一項從冬至這一天開始畫《九九消寒圖》的習俗，憑藉著這樣的活動，老百姓可以很清楚的計算春天的腳步。

什麼是《九九消寒圖》呢？就是畫一朵很大很大的梅花，大到足足有八十一個花瓣，表示從冬至這天開始，每天用彩筆塗一個花瓣，過了八十一天，八十一個花瓣統統都畫完了，春天也就到了。

祭灶

相傳兩千多年以來，每年臘月二十三日，民間都有所謂「祭灶」、「謝灶」的習俗，以此來感謝灶王爺。

相傳灶王爺是玉皇大帝派駐在人間，幫他監督人間百姓善惡的官吏。因為每戶人家都有灶，所以灶王爺也就無所不在。大概是只要一想到灶王爺就在我們的身邊，家裡發生的大事小事他都一清二楚，所以大家很自然的就會產生想要拉攏灶王爺的心理，希望灶王爺每年向玉帝述職報告的時候，能夠為自家多說幾句好話，後來就形成了每年在年關將近時一定要「祭灶」、「謝灶」的習俗。

甚至很多地方會用灶糖來謝灶。灶糖是一種用大麥芽熬成的糖，又黏又甜，吃到嘴裡，更是黏牙。據說這是大家希望能夠用灶糖黏住灶王的嘴，讓灶王爺多說好話，少講壞話。

很多民間傳說中的神界人物，之前都是凡人，是在死後才被天庭吸收，開始為天庭效力。灶王爺也不例外。關於灶王爺的傳說有不少版本，在這裡我們就介紹幾種。

故事38 負心漢無顏見昔日糟糠妻

第一個故事，其實讀起來還滿有現代感的，大家一定很快就會聯想到一些社會新聞，或是一些連續劇。

從前，有一個富翁名叫張生。張生有一個溫柔賢慧，容貌也相當出色的妻子，名叫丁香。張生和丁香的感情一直很不錯，日子一直過得很和諧。

不料，有一天，張生出外做生意的時候，認識了一個漂亮的女子，名叫海棠。從此，三個人的命運就都改變了。

（看來兩個女人真的都是「如花似玉」啊，連芳名都是花的名字。）

海棠看張生荷包鼓鼓，感覺就像碰到了肥羊，立刻使出渾身解數，把張生迷得神魂顛倒。不久，張生就把海棠帶回家了。

在以前那個年頭，男人只要有能力，妻妾成群似乎是很正常的。不過，海棠很彪悍，看丁香善良可欺，就不甘心讓這個正室在自己的眼前晃來晃去。於是海棠整天跟張生鬧，非要逼得張生休妻不可。

在古代，由於男尊女卑的傳統觀念作祟，女性是很沒有保障的，丈夫可以像處置物品一樣的隨意處置妻子，不想要了就休掉。

可憐的丁香就這樣被趕出了家門。接下來，張生和海棠終日只顧著吃喝玩樂，也不做正經事，結果，僅僅兩年的工夫，張生的家產就統統被敗光了。

海棠看張生成了一個窮光蛋，馬上毫不留情的一腳就把他給蹬了，然後自己又跟著別的有錢人跑了。

張生大受打擊，自暴自棄，沒過多久竟然落魄到沿街乞討的地步。

在一個大雪紛飛的夜晚，張生飢寒交迫，倒在一個大戶人家的門前。這戶人家的女主人是一個心地非常善良的人，聽僕人前來報告說有一個乞丐倒在大門口，馬上就吩咐僕人把那個可憐人扶進來，讓這個可憐人到廚房裡坐坐，還要僕人給他一點食物，讓他暖暖身子，等他有力氣了再讓他離開。

不久，女主人有些不放心，想看看那個可憐人怎麼樣了，同時也很困惑這個可憐人到底是遭遇了什麼事，竟會淪落到這樣的境地？

張生這時早已經甦醒過來，正狼吞虎嚥的大吃大喝。

當女主人一走進來，張生只瞥了一眼就赫然發現，原來這家好心的女主人竟然就是兩年多前被自己拋棄的丁香！

張生頓時百感交集，無地自容。他不願意再見到丁香，於是，就一頭塞進了灶裡！

旁邊的人都嚇了一大跳。等稍後大家七手八腳的把張生拖出來的時候，張生已經死了。丁香這時走了過來，一眼就認出眼前這個可憐的乞丐，竟然是當年狠心趕她出門的夫君，頓時震驚得張口結舌，說不出話來。

過了不久，鬱鬱寡歡的丁香也死了。

玉皇大帝在得知這件事情以後，認為張生對丁香無情無義固然十分可恨，但是看在張生最後畢竟還是有悔過之心，還是可以原諒的，便決定封張生為灶王爺，要他從此待在家家戶戶的廚房裡，負責隨時監督凡人，提醒大家不要做虧心事。

據說，後來人們怕灶王爺孤單，於是又把丁香奉為灶王奶奶，讓她和張生一起被供奉在千家萬戶的廚房裡。

故事39

好吃鬼州官受封灶王爺

如果剛才前面的故事是「社會寫實劇」或是「家庭倫理劇」，下面這則有關灶王爺的故事，簡直就像卡通一樣的誇張。

傳說在很久很久以前，皇帝派了一個大臣到河北大平原來做州官。這個州官是一個好（ㄏㄠˋ）吃鬼，他怕離開京城的日子會太苦，沒好東西吃，就不願意去上任。皇帝就對他說：「你別傻啦，那裡土地肥沃，你去了以後保證好吃的東西吃不完，一定會比待在京城還要享福。」

大臣還是很猶豫，皇帝就開玩笑的教他一個怎樣吃到好東西的辦法。大臣聽了之後，總算同意走馬上任。

這個州官到任以後，居然一本正經的按照皇帝「教」給他的辦法，到處張貼告示。告示上說：從第三天開始，家家戶戶要輪流請他上門去吃一天上等的酒席，如果沒有照辦，就要接受非常嚴厲的處罰！

（居然還有這樣厚著臉皮要人家請客的官呀！）

按這個好吃鬼州官的如意算盤，這裡有幾萬家百姓，如果他就這樣一家一家的吃，可以吃上幾萬天，那就等於是一輩子都吃不完了！

三天過去，州官果真開始大模大樣的上百姓家「作客」去了。吃了幾天，他感覺自己一個人去吃不夠熱鬧，就把老婆也帶去，然後又帶了幾個部下，再然後連他養的狗狗也帶去了！

州官就這樣整整吃了一年，他自己是吃得白白胖胖，可是老百姓們都被吃得怨聲載道，叫苦連天。很多人私底下都咬牙切齒的痛罵道：「州官不是我們的父母官嗎？不是應該要處處為我們老百姓著想嗎？可是咱們這個州官怎麼會這麼不顧我們的死活啊？」

這些話愈傳愈廣、愈傳愈遠，終於傳到了一個偏僻的小村子。這裡住著一對夫婦，丈夫人高馬大，力氣特大，據說能夠一手拔起一棵樹，就像拔一根普普通通的蔥一樣，還能夠巴掌一揮就把一片高牆打了個平平整整，因此，他有一個外號，就叫作「張大巴掌」。

張大巴掌聽說了居然有這麼一個魚肉百姓、嗜吃如命的州官，就決心要為民除害。他風塵僕僕的趕到城裡，求見州官，對州官說：「聽說您是一位美食家，我擔心任何山珍海味都已經沒辦法再滿足您，所以特地上天抓了鳳，又下海擒了龍，燉了一大鍋『龍鳳肉』。雖然還沒輪到我請您到我家來吃飯，但是我等不及了，那鍋肉也等不及了，再等下去就會燉得太老啦，所以，可不可以請您調整一下順序，先到我家來吃吧。請您現在就跟我一起回去！」

「龍鳳肉？」州官一聽說有這麼稀罕的食物，當然馬上樂不可支的答應了，並且還帶上老婆、部下，還有雞呀、鴨呀、狗狗呀，一起隨著張大巴掌回到了他的家。

這時，廚房裡果然燉著一大鍋肉，香氣四溢。但是，張大巴掌的妻子說，肉還沒有燉熟，還得再等一會兒。

「什麼？還沒熟？還要等？」州官一聽就非常火大，「那為什麼這麼早就把我們找來？」

張大巴掌大吼道：「那是因為這鍋肉根本就不是要給你們吃的，你們沒份！」

說罷，張大巴掌揚起手，正想要收拾這個可惡的州官時，忽然聽到妻子阻止道：「哎呀，往牆上打，別打到我這鍋肉裡，平白壞了裡頭的好味道！」

張大巴掌一聽，馬上調整用力的方向，「啪！」的一下，便把州官夫婦連同他們帶來的人呀畜生呀家禽呀……統統都打到灶旁的牆壁上去了！

眼看州官夫婦被打得扁扁的，平貼在牆壁上（這個畫面實在是好卡通啊！），張大巴掌的妻子說：「嗯，這樣也不錯，他們生前這麼喜歡白吃百姓的東西，死後就教他們永遠只能站在灶旁看我們吃，卻什麼都吃不到。」

很快的，州官夫婦成了「壁畫」的事不脛而走，很多人都紛紛聞風而來，跑到張大巴掌的家裡來看，看了以後更是一個個都拍手稱快，額首稱慶。後來，有人就想到乾脆請畫家來作畫，把州官夫婦的畫像貼在家家戶戶的灶旁，讓他們只能乾瞪著眼看

著百姓們吃好東西，可他們自己卻什麼也吃不到，作為他們生前絲毫不體恤百姓的懲罰。

後來這件事被皇上知道了，皇上很不高興，但又不敢找張大巴掌理論，生怕張大巴掌把自己也打趴，然後平貼在牆壁上。於是皇上傳令下去，宣稱州官夫婦生前其實是皇上的「御膳廚子」，表現出色，因此死後受封為「灶王爺、灶王奶奶」，家家戶戶今後都要把他們夫妻倆的畫像貼在灶旁的牆壁上，讓他們流芳千古。

據說，關於灶王爺的傳說從此有了兩個截然不同的版本，一個說灶王爺是被人打在牆上的州官，另一個則是說灶王爺是深受皇上喜愛的御膳廚子了，之所以會出現在千家萬戶的灶旁牆壁上，完全是因為受了皇上封所致。

西洋篇

故事40

羅馬皇帝禁婚，反成丘彼特

情人節（Valentine's Day）是二月十四日。這似乎是一個特別受到年輕人重視的節日，每到這一天，大家總是互送巧克力、賀卡以及鮮花，來表示友好或者是愛慕之意。

關於情人節的由來，比較普遍的版本有兩種。在第一種版本中，「Valentine」原來是一個神父的姓氏。這個神父的全名是聖可特斯·瓦倫廷（Sanctus Valentine）。

相傳在西元三世紀的時候，羅馬帝國的皇帝為了讓男人們可以心無牽掛的走上戰場，竟突發奇想廢棄了所有的婚姻承諾和制度，認為唯有這樣，大家才能夠更加的勇猛奮戰。這個荒唐的禁令當然引起了很多人的反對。畢竟，在廣大民眾的心目中，雙方的承諾還是非常重要的，是彰顯婚姻神聖的一種重要方式，其中有一位瓦倫廷神父就對這個禁令很不以為然。

禁令一出，讓很多年輕愛侶很是困擾。有一對情侶，偷偷找到了瓦倫廷神父，懇請瓦倫廷神父為他們證婚。瓦倫廷神父非常為難，他明知道如果答應了這個請求，很可能會為自己帶來很大的麻煩，弄得不好還會惹來殺身之禍。但是，看著這對年輕人懇求的目光，再想到其實自己本來就不贊成這樣的禁令，於是，瓦倫廷神父還是同意了，表示願意為他們證婚。

婚禮祕密的舉行。不料，很快就有人跑去告密，說瓦倫廷神父藐視當局，不顧禁令，違法為情侶們證婚。

皇帝大怒，馬上命人把瓦倫廷神父給抓起來。後來，瓦倫廷神父遭到了殘酷的對待，先是被鞭打，又被眾人用石頭擊打，最後還在西元二七〇年二月十四日這一天被絞死。

不過，相傳過了一千多年到了十四世紀的時候，大家才開始紀念這位神父。

在另外一種版本中，「情人節」據說是在西元五世紀的時候定下來的，最初是源於對春天的歌頌，特別是由於二月份是鳥兒交配的季節，給了人們一個浪漫的觸動。「情人節」相傳是起源於中世紀的英國和法國，時至今日，早已成為極為國際化的一個節日。

故事41

齋戒前夕的縱情享樂

很多國家都有狂歡節（Carnival），這個節日起源於中世紀的歐洲，盛行於歐美地區，相傳是由希臘羅馬時代的「酒神節」、「農神節」和「牧神節」，以及凱爾特人的宗教儀式等等演變而來。雖然這些節日的日期不盡相同，但大多數都是在二、三月份的時候舉行，最初都只是一種喜迎新春的儀式。

有些地區還把狂歡節稱為「謝肉節」和「懺悔節」。這個節日曾經與復活節有相當密切的關係。因為，在復活節之前會有一段長達四十天的齋期，期間人們禁止一切娛樂，也禁食肉類，必須非常虔誠的、安靜的反省和懺悔，以紀念耶穌基督。可是整個齋期的生活都非常的肅穆和沉悶，於是人們就在齋期即將開始的前三天，特別舉行熱熱鬧鬧的宴會、舞會和遊行，縱情歡樂，因此就有了「狂歡節」這樣的說法。

尤其葡萄牙人過狂歡節的時候，大家都很瘋，譬如都會戴著面具跑到街上去跳舞啦，把同伴拋舉起來尋求刺激啦，相互扔臭雞蛋、麵粉甚至是味道噁心的水啦，帶著一種濃厚的惡作劇的性質。而且不只是白人過狂歡節，很多奴隸的主人也都會給奴隸們三天的自由，讓這些黑人奴隸也一起參與。於是，很多奴隸會用麵粉塗白了臉，再從主人那裡借來舊的服飾，瘋瘋狂狂的玩上三天。大概是有感於奴隸主人的慷慨，很少聽到有奴隸會趁狂歡節的時候逃走。

後來葡萄牙人把這樣的傳統帶到了殖民地巴西。不過有人認為，巴西的狂歡節並不同於傳統歐洲的狂歡節，可能是來自於巴西的非洲黑人對本土文化的一種崇拜，還有人認為它或許是非洲和伊比利亞兩種文化的混合體。

一八四六年，巴西首次舉行狂歡節化裝舞會。到了十九世紀下半期，隨著奴隸貿易和奴隸制度的取消，廣大黑人都興高采烈的加入狂歡節的遊行大軍，在非洲傳統樂器的伴奏之下，跳起非洲風格的舞蹈。一八八九年巴西的狂歡節從形式到內容都有了新的變化，森巴舞逐漸成為節日的主角。森巴舞起源於非洲西海岸，十六世紀以後跟隨著黑奴傳到巴西，吸收了葡萄牙人和印第安人音樂舞蹈藝術的風格，逐漸演變成今天所看到的巴西森巴舞。就這樣，久而久之逐漸形成今天這種盛況空前的非宗教性全民聯歡活動。

愚人節

故事42

整人無罪、惡搞有理——限定半日哦！

愚人節（April Fool's Day）在有些地方被稱為「萬愚節」，是西方社會中的一個傳統節日；說它傳統，是因為這個節日在西方至少已經有好幾百年的歷史了。

在這一天，大家會互相開一些無傷大雅的小玩笑，或是製造一些惡作劇，近年來在傳播媒體的推波助瀾之下，這一個節日益發的受到矚目。甚至每逢這一天，西方很多「新聞」都是開玩笑的，比方說，在法國有一年愚人節，一家報紙報導某地一個游泳池裡頭有三顆大鑽石，結果很多人居然都真的跑去尋找，想要發財；有一年，美國一家廣播電台在愚人節當天，新聞播報員以非常驚恐的語氣打斷正常節目的播出，緊急插播一條火星人入侵地球的「新聞」，結果造成莫大的恐慌，許多人都倉皇衝出家門逃命；英國首相「鐵娘子」佘契爾夫人還在任的時候，有一年愚人節，一家報紙居然刊登了一張「獨家的」新聞照片，畫面上是一個美麗的公園，佘契爾夫人居然和當時蘇聯的領導人戈巴契夫坐在長椅上接吻。

總之，在西方社會，每到愚人節這一天，一早起來似乎對所有報章雜誌上的新聞都要半信半疑。不過，幸好愚人節是所有節日中時間最短的一個，只有半天，按傳統，愚人節到中午十二點就結束，這麼一來，所有開玩笑的、炮製出來的假新聞還有機會得到最快的更正，大家也還可以過上半天的正常生活，不至於再對別人的每一個邀約、或是所說的每一句話，都要那麼的提心吊膽。（要是碰到那些不知道愚人節其實只有半天的人，那可就慘了。）

至於愚人節的起源，比較普遍的說法是起源於古羅馬的「嬉樂節」，也有人說是跟印度的「歡悅節」有關。還有一種說法，是說愚人節其實跟「春分」有關，因為每年在春分前後，天氣經常說變就變，就好像是大自然存心在跟我們開玩笑似的，所以乾脆定一個節日，讓大家在這一天可以公然的互開玩笑，有一種自我解嘲的味道。

故事43

安娜×安娜，為天下的媽媽請命

母親節是每年五月的第二個禮拜天。這個節日最早是在十九世紀末，由美國維吉尼亞州一家主日學校的一位老師所倡議的。這個老師的名字叫作安娜‧查維斯。

一八七六年，當時距離南北戰爭（西元1861-1865年）結束僅僅十一個年頭。有一天，當查維斯老師正在講述南北戰爭的課程時，想到這場內戰造成了多大的損失，有多少人寶貴的生命就這樣犧牲，再想到這些陣亡將士的母親該有多麼的悲傷，查維斯老師的心裡非常感傷，心想真應該想個辦法給這些母親一個安慰。然後查維斯老師又想，就算是在太平盛世，也應該有一種方式來表達對母親的感謝，畢竟默默為了家庭而付出的母親實在是太多太多了。想著想著，查維斯老師就有了一個念頭——她很希望能夠有一個節日來作為全天下母親共同的節日，以此來提醒世人要對母親的辛勞時時心懷感激。

在接下來的日子，查維斯老師經常跟周圍的人談起這個想法，有的人贊同，也有的人反應平平。在查維斯老師辭世之前，她經常在各種場合提起這件事。查維斯老師去世以後，她的女兒（也叫作安娜）決定要更加積極的推動這件事，來完成母親多年來未完成的心願。

自打定主意以後，安娜就開始寫信給當時許多很有名望的人，請求大家支持設立「母親節（Mother's Day）」。一開始，各方都沒有太多的回應，但是安娜毫不氣餒，

繼續不斷的寫信、不斷的呼籲。

到了一九〇七年，這是關鍵性的一年。五月十二日，有一個安得烈衛理教堂應安娜之邀，為普天之下所有的母親們舉行了一個禮拜儀式。第二年，同樣的儀式在大城市費城舉行，各方反應十分熱烈，連州長都知道這件事，並且表示樂觀其成。又過了一年多，也就是一九一〇年，「母親節」終於在該州成立。

之後其他各州紛紛響應。一九一四年，美國總統威爾遜提請國會通過決議案，將母親節定為全美國的節日，希望大家藉由這個節日「公開表示我們對母親的敬愛」。然後是世界各地紛紛仿效，「母親節」終於成了一個國際性的節日。

安娜終於完成了母親查維斯老師的心願。只是關於節日的日期，安娜最初希望以母親逝世的那一天五月十日作為母親節，但是後來大家考慮到節日如果能夠定在周末假日，將更有利於子女回家探望母親，所以就選定了以五月第二個禮拜天作為母親節。

故事44

紀念爸爸的「蜜・辛」

多年來台灣一直取「八八」作為「爸爸」的諧音過八月八號「父親節」，不過，有一個國際性的父親節是在每年六月的第三個禮拜天。

這個國際性的父親節（Father's Day），最早也是在美國成為全國性的節日，比起母親節要晚了整整十年。

在安得烈衛理教堂首度為天下所有的母親舉行禮拜儀式的兩年以後，住在華盛頓的多德夫人，也提出了推動設立「父親節」的想法；這個念頭的起因，是因為多德夫人想要紀念自己勞苦功高的父親威廉・斯馬特，然後又希望能夠擴而廣之對全天下的父親都表示感恩。

多德夫人來自一個農家，她的母親很早就去世了，父親斯馬特辛辛苦苦獨自撫養六個孩子。直到自己也為人母之後，多德夫人對於父親從前的辛勞有了更深刻的體會，更想到在廣大家庭中父親的貢獻，就覺得應該有一個節日來提醒世人對父親表示感恩。

為了達成這個目標，多德夫人採取了和推動設立「母親節」的安娜一樣的做法，那就是——寫信！

不過，多德夫人似乎比較順利，她在寫給一個教士協會以後，僅僅推動了幾個月，華盛頓州的一個小鎮就開始慶祝有史以來第一個「父親節」了。

又過了三年多，一九二四年時，在美國總統卡爾文・柯立芝的支持下，「父親節」成為全國性的節日。

英國敲鐘節

故事45

小鎮鐘聲救富商一命

世界上有很多形形色色的傳統節日，我們不妨介紹一下英國的敲鐘節。這個節日的歷史已經超過四百年了。舉行敲鐘節的地方，是英國一個叫作聖方瓦頓的古老小鎮。

敲鐘節的日期是每年六月二十七日。每到這一天，家家戶戶一早起來就會高高興興的敲鐘，一敲就是一整天，連附近城鎮的人也會紛紛跑來這裡幫忙敲鐘，整整一天下來，「噹～噹～噹～」的鐘聲毫不間斷，傳出百里之外，熱鬧得不得了。

這個節日究竟是怎麼誕生的呢？

傳說在十七世紀初的時候，有一個富商在聖方瓦頓小鎮附近的一處密林裡迷了路。就在他覺得自己走投無路又求救無門的時候，沒料到突然聽到遠處傳來了陣陣悠揚的鐘聲，令富商心頭雀躍不已，因為，有鐘聲就表示附近有人煙，於是，他馬上跟隨著鐘聲，果然不多久就走出了密林，來到了聖方瓦頓小鎮。

「你們鎮上的鐘聲救了我！」富商對小鎮居民感激涕零。

不久，富商就捐出了一筆鉅款，買了十二口大鐘送給聖方瓦頓小鎮的居民。

贈鐘儀式舉行的那一天是六月二十七日，當天就鳴鐘了一整天。從此，這個小鎮的居民就把這一天定為「敲鐘節」，年年都在這一天敲鐘歡慶，一直延續到了今天。

西班牙奔牛節

故事46

證明漂ㄐ男子漢的野性慶典

鬥牛是西班牙的國粹，而西班牙的奔牛節也是源自於這項國粹。奔牛節每年從七月六日開始舉行，一直到七月十四日結束，地點位於西班牙東北部的潘普洛納城。

據說當初對於潘普洛納居民來說，要將六頭高大的公牛從城郊的牛棚趕進城裡的鬥牛場，是一件非常困難的事情。在十六世紀的時候，有些旁觀者突發奇想，壯著膽子跑到公牛面前，將公牛激怒，自己再拔腿就跑，然後讓憤怒的公牛追逐自己而乖乖的衝進鬥牛場。很多人都覺得這樣的方式又方便又刺激，後來就漸漸成了一種習俗，並且慢慢演變成了「奔牛節」。

「奔牛節」的正式名稱叫作「聖費爾明節」，傳說「聖費爾明」就是潘普洛納城的保護神。潘普洛納只是一個小城，舉行奔牛節的地方（也就是所謂的「奔牛之路」）位於舊城區，只是一條狹窄的石板街，全長才八百多公尺。在舉行奔牛節的那幾天裡，這條狹窄的石板街每天都擠滿了上萬名奔牛愛好者，當然大部分的人都只是圍觀。想體驗被憤怒的公牛狂追的人要穿上白色衣褲，在腰間綁上紅腰帶，這樣的「勇士」每天大概都有數百名。接下來，每天都有六頭凶悍的公牛，每頭都重達五百斤以上，就在這條小路上以時速二十四公里的速度追逐著這數百名勇士，直奔鬥牛場，整個過程不到五分鐘，但場面真可謂極其驚心動魄。

每年奔牛節都會有人受傷，甚至也發生過死亡事件，輕重傷者更是不計其數。但即使如此，來自世界各地的冒險愛好者，還是會每年到潘普洛納參加奔牛節，在危險之中盡情享受著歡樂與刺激。根據統計，潘普洛納的人口平常只有二十五萬，但是一到奔牛節就會暴增到至少一百五十萬！

不過，其實奔牛節在很長的時間裡，都還只是一個地區性的節日，後來之所以會聞名全球，這跟一個人很有關係，那就是美國作家海明威（西元1899-1961年）。一九二三年，當時只有二十出頭的海明威，第一次來到潘普洛納觀看奔牛節，後來以此為背景寫下著名的小說《太陽照常升起》（The Sun Also Rises，西元1926年發表），由於書中有一個重要人物的身分是鬥牛士，因此海明威在書中順理成章的詳細描述

了奔牛節，將刺激的奔牛活動描繪得極為傳神，奔牛節因而聲名遠播。又過了三十一年（西元1954年），海明威獲得諾貝爾文學獎，他的所有作品比以往受到更多世人的關注，包括這一本《太陽照常升起》，連帶使西班牙奔牛節更為聲名大噪。當地居民為了感謝海明威為奔牛節所做出的貢獻，還特地在鬥牛場的大門口，為海明威樹立了一座雕像。

有人說，奔牛節為男人提供了一次展示智慧、膽識、技巧和意志的機會，讓男人們可以以此來證明自己是一個「真正的男子漢」。不過近年來這項活動也遭到動物保護主義者的抗議。這些動物保護主義者認為，鬥牛不僅是一項殘忍的活動，在奔牛節舉行期間，那些奔跑者常常會拉扯公牛的尾巴，或者是用腳去踢牠們，竭盡所能讓這些可憐的公牛在憤怒和恐慌的情緒中奔跑，這樣的做法是非常不人道的。

德國慕尼黑啤酒節

故事47

巴伐利亞婚禮的祝福

慕尼黑啤酒節（The Munich Oktoberfest）與英國倫敦啤酒節、美國丹佛啤酒節，被稱為世界最富盛名的三大啤酒節。

「慕尼黑啤酒節」又稱為「十月節」，是德國慕尼黑傳統的民間節日。在這個節日期間，主要的飲料是啤酒，而且消耗量驚人，所以更多人喜歡把這個節日稱為啤酒節。世界上許多其他地方也會舉辦啤酒節，不過「十月節」這個名稱一直是屬於慕尼黑的啤酒節活動。

說起慕尼黑啤酒節的歷史，雖然與德國其他民間節日相比是比較短，但延續至今也已經超過兩百年了。這個節日源於一場王子與公主的浪漫婚禮。

十九世紀初（西元1810年10月12日），巴伐利亞的路德維希王子與薩克森王國的露易絲公主舉行了盛大的婚禮。（巴伐利亞是德國面積最大的聯邦州，首府設於慕尼黑。）

巴伐利亞國王為了表示喜悅以及對新人由衷的祝福，特別為婚禮舉行了為期兩天的慶祝活動。在這兩天裡面，國王下令對全體平民免費供應飯菜和飲料，來表示對臣民的恩典。王國的騎兵衛隊還在慕尼黑西南的一個大草坪上，舉行精采的賽馬活動和射擊比賽為婚禮助興。由於慶祝活動非常圓滿，為了紀念這個節日，全國上下都熱烈建議以後每年十月都來一次這樣全民同樂的活動，這也就是為什麼會被稱為「十月節」的原因。

與陽光明媚、天氣相對暖和的九月相比，十月以後天氣已經逐漸轉涼，冬天的腳步已經很近了，因此「十月節」也成了人們一年之中，最後一個適於在戶外活動和歡樂的節日。

儘管在活動開辦後，中間因拿破崙入侵、第一次世界大戰和第二次世界大戰爆發而停辦好幾年，但是只要條件允許，人們總是很熱切的盼望這個節日能夠恢復，於是這個節日的規模愈辦愈大，到了十九世紀末已經發展成全球知名的盛大節日，每年特地從世界各地前去參加的外國人也愈來愈多。

感恩節

故事48 火雞大餐上桌了

感恩節（Thanksgiving Day）是北美地區非常重要的節日。儘管美國感恩節和加拿大的感恩節，時間並不一樣（前者是每年十一月第四個星期四，後者是在十月的第二個禮拜一），不過，感恩節是美國「發明」的，對美國人來說，這個節日意義非凡。在美國的國定假日中，就屬國慶日（七月四日）和感恩節最能夠和美國歷史連繫在一起，可以說也最有傳統意義。

講到感恩節，就得提一下美國的歷史。美國是一個很年輕的國家，從西元一七七四年七月四日，十三個州的代表共同簽署〈獨立宣言〉開始算起，至今（西元2013年止）也不過二百三十九年。

美國人的祖先來自英國。在獨立之前的一百多年，也就是西元一六二〇年，大約有一百名英國新教徒（被稱為「清教徒」），因為不滿英國教會的統治，就一起搭了一艘名為「五月花號」的船離開了英國，來到北美洲開創他們的新生活。美國是從東岸開始慢慢往西發展的，只要看看地圖就很清楚其中的原因，因為東岸距離英國最近，這些為了堅持信念、毅然決然離開家鄉的清教徒，從北美洲東岸登陸是很理所當然的事。他們原本計畫在維吉尼亞州登陸，後來由於遭遇了暴風雨，航線被打亂了，使得他們在海上掙扎了兩個月以後，才終於在新英格蘭海岸，也就是現在麻薩諸塞州的普利茅斯登陸。

在上岸之前，這些清教徒就擬定了〈五月花契約〉，設立政府，不過這個所謂的政府，名稱聽起來一點也不像是個國家，叫作「普利茅斯種植園」，多麼有田園風情啊。在這個時期，這些清教徒還是心繫著英國的，在公開場合也都還是懸掛著英國國王的肖像。促使美國獨立戰爭開打的導火線，是在過了一百多年的「七年戰爭」（西元1756-1763年）之後，英國政府開始強行向這些居住在北美洲殖民地的老百姓徵稅，因此引起殖民地人民強烈的不滿。

現在我們再回頭看看，當初坐著「五月花號」來到北美洲的第一批清教徒。他們抵達的時候是十一月，氣候已經相當嚴寒了，如果沒有當地居民（也就是美國的原著民——印地安人）好心的幫助，他們可能都沒有辦法熬過緊接著來的寒冬。

等到冬天過去，這些清教徒半數以上都死於飢餓和傳染病。好不容易僥倖活下來的人，在西元一六二一年的春天就開始播種，然後在未來的幾個月之內，都熱切期待著秋末冬初的豐收。果然，他們的心血沒有白費，在冬天來臨之際，他們果真等到了大豐收。大夥兒都歡欣鼓舞，高興極了，為了感謝印第安人出手相助，特別邀請他們參與一連三天的狂歡活動。後來，在秋末冬初時節，家人相聚，共慶豐收，就漸漸形成了一種習俗。

感恩節正式成為節日是在一八六三年，當時南北戰爭還在進行，是由林肯總統（西元1809-1865年）所定下的。林肯總統宣布今後每年十一月第四個星期的禮拜四為感恩節。直到今天，感恩節在北美地區人民的心目中有著非常重要的分量，每到這一天，家人總要盡可能的團聚，然後一起吃一頓感恩節大餐。

感恩節大餐的主菜則是烤火雞，這其實是一道相當古典的主菜，已經有三百多年以上的歷史。據說在一六二〇年的冬天，當大批來自英國的移民剛剛抵達美洲大陸的普利茅斯時，當時那裡的物產非常貧乏，火雞倒是不少，簡直就是出奇的多，放眼望去，幾乎是滿山遍野，於是後來在感恩節來臨的時候，他們便捉了火雞作為過節的主菜。

實際上，火雞確實是美洲特產，在歐洲人到美洲之前，已經被印地安人所馴化。火雞的名字在英文中叫作「Turkey（土耳其）」，是因為一開始歐洲人並不認得這種動物，覺得牠們身體黑黑、腦袋紅紅的樣子，看起來很容易讓人聯想到土耳其的服裝。歐洲人本來就滿喜歡吃烤鵝，在移民到美洲之後，還沒有把鵝養好，於是就試著吃火雞，結果發現火雞竟然比鵝要好吃。從此烤火雞就成了美國人的大菜，在重要的節日中更是不可少的一道菜肴。

故事49

群魔亂舞慶豐收

如果要讓孩子們來票選一個「我最喜歡的節日」，「萬聖節（Hallowmas）」的排名應該會滿前面的吧。這個節日源自於歐洲，但廣受全球小朋友的喜愛。

也難怪孩子們會這麼喜歡萬聖節，每到十一月一日萬聖節，到處都可以看得到童話感十足的「南瓜燈」，孩子們則像是開化裝舞會似的，一個個都裝扮成吸血鬼呀、僵屍呀、科學怪人呀、巫婆呀、法師呀等等各式各樣的妖魔鬼怪，然後成群結隊去敲街坊鄰居的門，再對前來應門的人大嚷一聲「Treat or trick!」（意思就是：如果不招待我們、給我們糖糖吃，我們就要搗蛋！）

這樣的畫面，實在是好可愛啊！而大人們也都默契十足的會在這一天準備很多糖果點心，心甘情願的等待著小朋友們陸續前來按鈴「打劫」，看著孩子們捧著一大堆戰利品歡天喜地的離去，大人們也都會覺得很開心。

那麼，關於萬聖節的起源，大家知道有哪些傳說嗎？

有一種說法是，萬聖節源於基督誕生之前的古西歐國家，主要包括愛爾蘭、蘇格蘭和威爾斯。當時這些地方的古西歐人叫作德魯伊特人。德魯伊特人的新年是在十一月一日，因此在新年前一晚，年輕人會成群結隊戴著各種怪模怪樣的面具，拎著蘿蔔燈，開開心心的在村落間遊走，氣氛相當歡樂，因為這實際上是一種慶祝秋收的儀式。也許你會覺得奇怪，為什麼會是蘿蔔燈而不是南瓜燈？答案很簡單，只不過是因為古西歐最早是沒有南瓜的。而蘿蔔的質地也很硬，很適合雕刻，所以，當時大家或許是為了好玩，也會在蘿蔔上做一些雕刻，讓蘿蔔燈看起來不是一種食物的感覺，而比較像是某一種動物，這就成了南瓜燈的前身。等到後來有南瓜了，用南瓜來雕刻，做成一個彷彿戴著面具的鬼怪，看起來有幾分恐怖，也有幾分憨傻，顯然是比拿蘿蔔來做發揮要更加的合適。

時至今日，南瓜燈可以說是萬聖節最代表性的東西，只要一想到南瓜燈，大家馬上就會聯想到萬聖節。也有些地方會把南瓜燈稱作「傑克燈」。

上面這種說法只說萬聖節是起源於西元前的紀年，但是並沒有特別說明是在西元前多少年。

第二種說法則是比較明確，說明是起源自西元前五百年左右。相傳當時居住在愛爾蘭和蘇格蘭等地的凱爾特人，認為每年十月三十一日是夏天正式結束、同時也是冬季開始的一天。

（奇怪的是，秋天怎麼不見了？）

總之，在凱爾特人看來，十月三十一日這一天代表著新的一年開始了，在這一天將會發生一件聽起來有點兒恐怖的事，跟亡靈有關的事。原來，凱爾特人相信，所有的死者都有再生的機會，而再生的方式，就是亡靈會在十月三十一這一天回到人間，從活人的身上尋找生靈。（感覺上有點兒像中國民間傳說中的「找替身」。）

可想而知，沒有一個活人願意當亡靈的替身。於是，為了躲避亡靈，大家在這一天一方面會熄掉爐火和燭光，讓亡靈不便看清活人的動靜，自然也就不便下手；另一方面則是把自己也打扮成妖魔鬼怪的模樣，以此來混淆視聽；還有人說是要以此來嚇退亡靈。

傳說這就是萬聖節最早的習俗。

甚至還有人說，凱爾特人有些部落會在十月三十一日這一天用活人來祭奠所有的亡靈。

時間慢慢過去，這樣大約過了六百年，到了西元一世紀，凱爾特人的部落被羅馬人占領，羅馬人也漸漸接受了萬聖節的習俗，只是廢除了拿活人來祭死人的野蠻做法。而且，羅馬人在接近歲末時，紛紛打扮成妖魔鬼怪來慶祝豐收，用意也是為了要把在身邊真正的妖魔鬼怪給趕走，使它們沒有機會加害自己。

於是，西元八三五年，羅馬天主教把十一月一日正式定為「萬聖節」，以此來紀念那些宗教的先驅者，十月三十一日則稱為「萬聖節前夜」。

不過，萬聖節傳入美國是在十九世紀中葉（西元1840年）。今天萬聖節能夠如此國際化，應該跟美國人很喜歡過這個節日有關。而且在美國人的帶動之下，如今的萬聖節無論是歡樂性或是商業性都非常濃厚，最早那些比較陰暗的意涵都不見了，剩下來的似乎都是娛樂。

除了前面提到的亡靈尋找替身的說法之外，其實，南瓜燈原本也是有點兒恐怖的，因為最早這被當成巫婆的象徵。在中古世紀，由於科學並不昌明，每當碰到什麼天災或是流行病，人們無從解釋這些災難究竟是如何發生的時候，便一股腦兒的解釋成都是由於巫婆作祟。當時所謂的「巫婆」，並不是特別指女性，不過女性被冠上巫婆罪名而被吊死、燒死的比例還是要大得多。

至於到底誰是巫婆？這往往都是毫無根據的，似乎也不需要有什麼理由，對於那些有一點權勢的人，或是那些善於主導民意的人，可以很輕易的就把一些自己看不順眼的人、或是與自己有利益衝突的人，莫名其妙的將她（或是他）認定是巫婆，然後

就這樣殘忍的把他們除掉。在十七世紀末，這股獵殺巫婆的狂熱達到了最高潮，在歐洲有數以萬計的人都因巫婆罪名而無辜的丟掉了性命，家產也因此被強行霸占。

傳說巫婆平常都躲藏起來，但是每年有兩個晚上可以光明正大的出來盡情狂歡，這兩個晚上一個是四月三十日，另一個就是十月三十一日。

看看頗受世人喜愛的南瓜燈，大概很少有人會想到它居然還曾經跟巫婆扯在一起，甚至不知道有這麼辛酸的過往吧。

耶誕節

故事50 耶穌生日快樂！

在西方社會中，「耶誕節（Chrismas）」的重要性就跟我們華人社會中的春節一樣。「耶誕夜」在西方人心目中的分量，也如同我們一年一度的除夕。從很多文學以及影視作品都以耶誕節或是耶誕夜為背景這一點就可見一斑。（譬如霍夫曼的《胡桃鉗》、狄更斯的《小氣財神》、安徒生的《賣火柴的小女孩》、艾斯伯格的《北極特快車》，以及電影《耶誕夜驚魂》、《小鬼當家》、《一路響叮噹》等等。）耶誕節是家人歡聚共享天倫的時刻，也是我們的心靈能夠得到淨化以及昇華的時刻。

「耶誕節」這個名稱其實是「基督彌撒」（Christs Mass）的縮寫。「彌撒」是教會中的一種禮拜儀式，因為把這一天當作耶穌誕辰來慶祝，因此而得名（「『耶』穌『誕』辰」是也）。每逢耶誕節，大部分的天主教教堂都會先在十二月二十四日的耶誕夜，也就是二十五日凌晨舉行子夜彌撒，有些基督教會則會舉行報佳音的活動，然後在二十五日白天再慶祝耶誕節。

根據教會史記載，第一個耶誕節是在西元三三六年。一開始由於《聖經》上並沒有明確載明耶穌生於何時，所以西方社會各地耶誕節的日期也各不相同，直到西元四四〇年，才由羅馬教廷把每年十二月二十五日定為耶誕節。過了一千一百多年，到了西元一六〇七年，世界各地教會領袖在伯利恆聚會，這個日期得到了進一步的確定，從此全世界絕大多數的基督徒就都以這一天為耶誕節。然後，又過了好幾百年，到了十九世紀，由於耶誕卡、耶誕老人等等的出現，耶誕節受到廣大民眾的喜愛，流行得愈來愈廣。

紅、綠、白三個顏色是耶誕節的代表性顏色，在西方社會每到耶誕節來臨的時候，家家戶戶都要用這三個顏色來裝飾。紅色的有耶誕花和耶誕蠟燭，綠色的是耶誕樹，白色自然是指皚皚白雪，所以一直都有「白色耶誕」的說法（當然，這是針對北半球而言，因為南半球的耶誕節正是夏天）。

其中耶誕樹是耶誕節的主要裝飾品，據說最早是出現在德國，這是用砍伐來的杉、柏呈現出塔形的常青樹裝飾而成，上面再懸掛著五顏六色的彩燈、禮物和紙花，還會把天使或是星星放在耶誕樹的頂端。

紅色與白色相映成趣的還有耶誕老人，他是整個耶誕節活動中最受歡迎的人物。在西方社會中，孩子們在耶誕夜臨睡之前，都要在壁爐前或是枕頭旁放上一隻襪子，叫作耶誕襪，這是特別為了耶誕老人所準備的，期待耶誕老人在他們入睡以後，會把送給他們的禮物放進襪子裡。而由每個家庭的男主人為孩子們扮演耶誕老人，也是一種習俗。

關於耶誕老人比較普遍的一種傳說，是說「耶誕老人」其實是確有其人，他原來的名字叫作尼古拉。西元四世紀，尼古拉出生在小亞細亞的巴大拉城。他的家庭相當富有，父母親都是非常熱心的天主教友，但不幸雙雙早逝。尼古拉在童年時期受到來自教會和教友的許多溫暖，長大以後，就把豐富的財產全部都捐送給貧苦可憐的人，自己則出家修道，獻身教會，終生為社會服務。

尼古拉後來做了神父，並且還升為主教。在他的一生當中，做了很多慈善的事。相傳他最喜歡在暗中幫助窮人，「耶誕老人」這個名字就是出自有一次他暗中送錢，幫助了三個女孩子的故事。

據說在距離尼古拉住處不遠的地方，有一戶人家，父親是一位學者，有三個女兒，由於清貧，他們經常靠借貸度日。有一次，因為沒有能力還債，做爸爸的只好狠心把三個女兒賣給債主，債主計畫把她們帶到外地去做女僕。三個女孩得知噩耗，大為震驚，抱在一起傷心痛哭。尼古拉知道了這件事情以後，先是跑到她們家中，安慰了一番。到了夜裡，尼古拉就把金子裝在三隻長襪子裡，再把這三隻長襪偷偷的掛在三個少女的窗前。翌日清晨，三個女孩非常驚訝的發現了放在三隻長襪子裡頭的金子，這些金子幫助他們得以還清債務，這麼一來，三個女孩也就免除了背井離鄉、並且還要淪落為僕的悲慘命運。

這一天正好是耶誕節。後來當女孩們知道這是尼古拉所做的好事後，都對他感激涕零。在往後的歲月中，透過三個女孩充滿感激的不斷傳述之下，尼古拉的善舉愈傳愈廣，使得他益發受到大家的尊敬，大家都讚美尼古拉是一個創造奇蹟的人。很多孩子們在聽了這個溫暖人心的故事以後，也都非常的羨慕，都由衷的希望耶誕老人也能夠在耶誕節送給自己一份禮物。

到了近代，耶誕老人身上的童話色彩愈來愈濃，很多人都相信耶誕老人住在北極，有一個超大、超有效率的玩具工廠。每到耶誕節，耶誕老人都會為孩子們帶來無限的歡樂。

國家圖書館出版品預行編目資料

50個經典節慶故事 / 管家琪作 ; 蔡嘉驊繪圖.
-- 初版. -- 台北市 : 幼獅, 2013.02
面 ; 公分. -- （故事館 ; 3）

ISBN 978-957-574-896-8（平裝）

1.節日 2.通俗作品

538.5 102000610

・故事館003・

50個經典節慶故事

作　　者＝管家琪
繪　　者＝蔡嘉驊
出 版 者＝幼獅文化事業股份有限公司
發 行 人＝李鍾桂
總 經 理＝王華金
總 編 輯＝林碧琪
主　　編＝沈怡汝
編　　輯＝張家瑋
美術編輯＝李祥銘
總 公 司＝(10045)台北市重慶南路1段66-1號3樓
電　　話＝(02)2311-2832
傳　　真＝(02)2311-5368
郵政劃撥＝00033368

印　刷＝崇寶彩藝印刷股份有限公司
定　價＝250元
港　幣＝83元
初　版＝2013.02
七　刷＝2021.08
書　號＝984161

幼獅樂讀網
http://www.youth.com.tw
e-mail:customer@youth.com.tw
幼獅購物網
http://shopping.youth.com.tw

行政院新聞局核准登記證局版台業字第0143號

幼獅文化公司／讀者服務卡／

感謝您購買幼獅公司出版的好書！
為提升服務品質與出版更優質的圖書，敬請撥冗填寫後（免貼郵票）擲寄本公司，或傳真（傳真電話02-23115368），我們將參考您的意見、分享您的觀點，出版更多的好書。並不定期提供您相關書訊、活動、特惠專案等。謝謝！

基本資料

姓名：……………………先生／小姐

婚姻狀況：□已婚 □未婚　職業：□學生 □公教 □上班族 □家管 □其他

出生：民國……………年……………月……………日

電話：（公）……………（宅）……………（手機）……………

e-mail：……………………

聯絡地址：……………………

1.您所購買的書名：**50個經典節慶故事**

2.您通常以何種方式購書?：□1.書店買書 □2.網路購書 □3.傳真訂購 □4.郵局劃撥
（可複選）　□5.幼獅門市 □6.團體訂購 □7.其他

3.您是否曾買過幼獅其他出版品：□是，□1.圖書 □2.幼獅文藝 □3.幼獅少年
□否

4.您從何處得知本書訊息：□1.師長介紹 □2.朋友介紹 □3.幼獅少年雜誌
（可複選）　□4.幼獅文藝雜誌 □5.報章雜誌書評介紹……………報
□6.DM傳單、海報 □7.書店 □8.廣播(　　　　　)
□9.電子報、edm □10.其他……………

5.您喜歡本書的原因：□1.作者 □2.書名 □3.內容 □4.封面設計 □5.其他

6.您不喜歡本書的原因：□1.作者 □2.書名 □3.內容 □4.封面設計 □5.其他

7.您希望得知的出版訊息：□1.青少年讀物 □2.兒童讀物 □3.親子叢書
□4.教師充電系列 □5.其他

8.您覺得本書的價格：□1.偏高 □2.合理 □3.偏低

9.讀完本書後您覺得：□1.很有收穫 □2.有收穫 □3.收穫不多 □4.沒收穫

10.敬請推薦親友，共同加入我們的閱讀計畫，我們將適時寄送相關書訊，以豐富書香與心靈的空間：

(1)姓名……………e-mail……………電話……………
(2)姓名……………e-mail……………電話……………
(3)姓名……………e-mail……………電話……………

11.您對本書或本公司的建議：

廣　告　回　信
台北郵局登記證
台北廣字第942號

請直接投郵　免貼郵票

10045　台北市重慶南路一段66-1號3樓

幼獅文化事業股份有限公司

請沿虛線對折寄回

客服專線：02-23112832分機208　傳真：02-23115368
e-mail：customer@youth.com.tw
幼獅樂讀網http：//www.youth.com.tw
幼獅購物網http://shopping.youth.com.tw